Deutsch konkret

A German Course for Young People

Workbook 2

Chapters 1–10

Peter Boaks, Christopher Boyce, Ebba-Maria Dudde

LANGENSCHEIDT

BERLIN · MUNICH · VIENNA · ZURICH · NEW YORK

Deutsch konkret
A German Course for Young People

Workbook 2

by
Peter Boaks, Christopher Boyce and Ebba-Maria Dudde

in co-operation with
the "Deutsch konkret" team:
Gerd Neuner, Peter Desmarets, Hermann Funk, Michael Krüger and Theo Scherling
Volker Leitzbach (photography)
Drawings and layout: Theo Scherling

Cover design: Eva Pelz and Theo Scherling

Printed in Germany · ISBN 3-468-96748-9

Contents

Ü1 Andere Menschen – andere Meinungen

Beispiel:

<u>Meine Mutter findet,</u> daß "Top of the Pops" eine dumme Sendung ist. <u>Aber ich meine,</u> daß das die beste Sendung überhaupt ist.

- <u>Mein Vater findet,</u> daß Videofilme Blödsinn sind.

  <u>Aber mein Bruder und ich meinen, daß</u> _____ .

- <u>Unsere Eltern</u> _____ , daß Sport _____ .

  <u>Aber meine Schwester und ich</u> _____

- <u>Die Lehrer</u> _____ , _____ das Essen bei uns in der Schule _____

  <u>Aber meine Schulkameraden und ich</u> _____ , _____

- <u>Mein Freund Malcolm</u> _____ (Mathe) _____ .

  <u>Aber ich</u> _____

- <u>Barbara</u> _____ (grünes Haar) _____ .

  <u>Aber ich</u> _____

- <u>Franks Bruder</u> _____ (Michael Jackson) _____ .

  <u>Aber ich</u> _____ .

- <u>Meine Eltern</u> _____ .

  <u>Aber ich</u> _____ .

> Spitze – gut – gesund – interessant – prima – einfach – schick – blöd – teuer – langweilig – schlecht – schwer
>
> sagen – glauben – finden – meinen

Ü2 Meine Familie

Wie findest du deine Familie – deine Geschwister, deine Eltern, deine Großeltern usw.?
Und wie findet deine Familie dich?

Ich finde, meine Schwester hat/ist ... . Mein Bruder meint, ich ...

Ü 3 Eure Schülerzeitschrift berichtet:

FORUM 85

Walton High School

	+	−
Schulessen	60%	40%
zweimal Sport in der Woche	20%	80%
der Direktor	?	?
die Lehrer	?	?
Hausaufgaben machen	?	?
eine Schuluniform	?	?

Beispiel: 60% der Schüler sagen, das Schulessen schmeckt gut,
aber 40% sagen, es schmeckt furchtbar.

• 20% der Schüler _____

_____. Aber 80% _____

_____ .

• _____ .

prima – gut – interessant – Spitze – sympathisch –
eine gute Idee
doof – langweilig – blöd – zu streng – dumm –
nicht interessant – keine gute Idee

o Und was meinst du?

● Ich meine, _____ .

o Und deine Klassenkameraden?

● 40% meiner Klassenkameraden meinen, _____ .

    Aber _____ .

Ü 4 Schreibe einen Kurzbericht über Bettina / über dich / einen Freund / eine Freundin.

Alter: Sie ist 14 Jahre alt und .....
Wohnort:
Schule:
Freizeit:
.....

Rezepte aus England und Amerika

Baked Potatoes

Heat the oven to 190 °C.
1 potato for each person. Scrub under cold water. Rub dry. Take a fork and prick each potato several times. Bake the potatoes in the oven for 1 hour. Cut 2 slits in each potato. Put butter or grated cheese on it.

Glossary

scrub schrubben
rub dry trocken reiben
prick, pierce stechen
fork die Gabel, -n
potato die Kartoffel, -n
in the oven im Ofen
cut schneiden
slits Schlitze
several times mehrere Male
grated cheese geriebener Käse

Happy-Face Cake

200 g flour - 200 g margarine - 100 g sugar - 4 eggs - decorations

Cream the margarine and sugar. Add beaten eggs and stir well. Stir in flour and a pinch of salt. Bake in oven for 15-20 minutes. Decorate.

Glossary

cream schaumig rühren
beaten eggs geschlagene Eier
stir umrühren
stir in hineinrühren
a pinch of salt eine Prise Salz
decorate garnieren

Über englische Rezepte auf deutsch sprechen

Ü5
o Was ist denn das?

● Das sind/ist _____.

o Und wie macht man das?

● Also zuerst _____

_____.

o Und dann?

● Dann _____

_____.

o Und weiter?

● Du mußt _____

_____.

Ü6
o Oh, gebackene Kartoffeln!

● Ja, probier mal!

o Schmeckt prima!

● Meinst du?

o Ja, ich finde, daß das fantastisch schmeckt.

● Hier hast du das Rezept.

o Danke.

ausgezeichnet	furchtbar
gut	ziemlich* schlecht
Klasse	

*rather

Ü7 **Andere Gerichte zum Üben – Other dishes for practice**
Try to explain in German to your friend how to make one or two of these .....

Apple Pie   Scotch Eggs   Toad in the Hole   Chocolate Brownies

Aus einem Interview mit Matthias Faber aus Hamburg

....

o Matthias, in welche Schule gehst du?

● In das Prinz-Heinrich-Gymnasium. Meistens fahre ich mit dem Bus, manchmal mit dem Rad.

o Und in welche Klasse gehst du jetzt?

● In Klasse sieben.

o Und machst du Englisch gern?

● Ja, macht Spaß.

o Kannst du etwas auf englisch sagen?

● Can I help you?

o Ja, und welches Fach hast du am liebsten?

● Sport mag ich gern.

o Was für Sport denn?

● Fußball und ein bißchen Schwimmen.

o Hast du eine Lieblingsmannschaft?

● Den HSV*. Den finde ich prima.

o Hast du ein eigenes Zimmer?

● Ja, das hab ich.

o Wieviel Taschengeld bekommst du?

● 7 Mark in der Woche. Das geht.

o Und was machst du damit?

● Ich kaufe etwas zum Trinken oder zum Lesen.

o Zum Schluß, was machst du in deiner Freizeit?

● Da spiele ich Fußball, manchmal fahre ich mit dem Rad. Oder ich lese.

o Vielen Dank!

*HSV = Hamburger Sportverein

Ü8 **Was notiert der Reporter?**

MATTHIAS
- Prinz-Heinrich-Gymnasium
- Klasse 7
- Englisch : ...

Ü 9 **Was schreibt der Reporter später in seiner Zeitung?**

Matthias sagt, daß er in das Prinz-Heinrich-Gymnasium geht, in Klasse 7,

Schulweg? und daß _____ oder _____.

Englisch? Er meint, _____,

Lieblings- aber daß _____.
fach?

Hamburger Und er findet, _____ spielt.
Sportverein?

Zimmer? Wir erfahren*,_____.

Taschengeld? Matthias sagt, _____.

Freizeit? Wir wissen nun, _____ gern _____

und _____.

*learn

Ü 10 **Was kennst du? Fülle aus:**

1 _____
3 _____
5 _____
7 _____
9 _____
11 _____
13 _____
15 _____
17 _____
19 _____

2 _____
4 _____
6 _____
8 _____
10 _____
12 _____
14 _____
16 _____
18 _____
20 _____

der Strumpf - der Bademantel -
die Krawatte - die Socke -
der Turnschuh - die Lederhose -
der Faltenrock - die Handtasche -
der Ring - der Handschuh -
die Bluse - das Hütchen -
der Schal - der Gürtel -
die Sonnenbrille - die Badekappe -
die Taucherbrille - die Sandale -
der Regenschirm - der Bikini

Ü 11 **Richtig oder falsch?**

Was steht in der Anzeige? -
What does the advertisement say?

	r/f	
All sizes available		
Any brand you want		
Latest fashions in jeans		
Jeans made-to-measure		
Always good quality		
Pay a little more for quality		
Prices you can afford		
Second-hand jeans, too		
Jeans for everyone - big and small		
Every pair a good fit		

Ü 12 **Bitte den Dialog üben**

(*Auch mit den Wörtern unten*)

o Du, das T-Shirt ist doch schick!

● Findest du?

o Klar, das paßt* bestimmt.

● Welche Größe hast du denn?

o Ich glaube, 36.

● Zu klein für mich. Ich möchte lieber den Pulli.

...und Sprache importieren sie auch!

das Sweat-Shirt
das Polo-Shirt
der Pulli =
    (Pullover)

praktisch   paßt* nicht
Spitze   zu groß
nicht   zu klein
  praktisch   zu weit
              zu eng**

* *fit*
** *tight*

Größen

GB	8	10	12	14	16	18
D	34	36	38	40	42	44

Ein Leserbrief

WARUM LAUFEN WIR IMMER NUR IN JEANS HERUM?

Vor einiger Zeit* sprach ich mit einer Klassenkameradin, die ein großer Jeans-Fan ist. Sie sagte zu mir: "Ein Mensch ohne Jeans ist für mich kein Mensch."

Warum tragen heute fast alle Jugendlichen Jeans? Wir sagen doch immer, daß wir frei sein wollen, nicht wie Nummern. So aber machen wir uns selbst zu Nummern.

In meiner Klasse ist es einfach unmöglich, in einem ganz normalen Kleid zu einer Party zu gehen. Ich habe es einfach mal gemacht, und meine Freundinnen fanden das blöd. Auf der anderen Seite gibt es jeden zweiten Tag Ärger mit meiner Mutter. Sie kann nicht verstehen, warum ich so oft in Jeans herumlaufe. Eigentlich habe ich nichts gegen Jeans. Ich denke nur, sie sind fast schon eine Uniform. Und das finde ich nicht so gut. Sollte man nicht zeigen, daß man auf eigenen Füßen stehen kann? Was meint Ihr?

*some time ago

Heike, 14

Ü 13   Was ist richtig? Was ist falsch?

Im Text steht:	r	f
1. Eine Freundin von Heike hat Jeans besonders gern.		
2. Jeans sind sehr billig.		
3. Heikes Freundinnen tragen nicht oft Jeans.		
4. Zu Partys soll man auch Jeans anziehen.		
5. Die Mutter von Heike mag Jeans nicht.		
6. Man soll Jeans nur in der Schule anziehen.		

Heike findet:	r	f
7. Jeans sind immer ideal.		
Sie meint,		
8. daß man ohne Jeans freier ist.		
Heike schreibt,		
9. daß Jeans fast wie eine Uniform sind.		

Ü 14

o Was ziehst du besonders gern an?   ● _____ .

o Und zu einer Party?   ● _____ .

Frage auch deine Freunde.

1C

Ü 15   **Auf einer Party**

Hamburg is really great.	_____
I like your school.	_____
I'm staying here for three weeks.	_____
I've got two sisters and one brother.	_____
My sister's coming to Germany next week.	_____
The food's good but you all eat so much!!	_____

Ü 16   **Was sagt er?**

1. Wie findet er Berlin? – *Er sagt, daß er Berlin interessant findet.*

2. Wo wohnt er? – *Er sagt, daß* _____ .

3. Wie ist es dort? – _____ .

4. Hat er einen Stadtplan? _____ .

5. Wie schmecken ihm die Würstchen? – _____ .

6. Tanzt er gern? – _____ .

Ü 17 Was sagen die Schüler und Schülerinnen der Klasse 7A?

Beispiel: "Unsere Klassenlehrerin ist sehr nett."

Sie sagen, daß ihre Klassenlehrerin sehr nett ist.

1. "Unsere Schule ist Spitze."

3. "Meine Freundin ist 14."

_____

_____

2. "Klaus ist mein Freund."

4. "Mein Lehrer ist langweilig."

_____

_____

Was sagt Rocky?

"Meine Eltern heißen Rocko und Rocka."

"Meine Schwester hat grüne Haare."

"Mein Bruder ist ein Baby."

5. _____

6. _____

7. _____

Ü 18 Was meinen deine Eltern?

Du bist faul! *Sie sagen, daß ich faul bin.*

Du sollst keine Jeans anziehen. - _____.

Deine Freunde sind blöd. - _____.

Du sollst zu deinem Bruder nett sein. - _____.

Du sollst deine Platten nicht so laut spielen. - _____.

_____.

Was meinst du?

Rezepte verstehen und probieren

Robinson-Toast

ZUTATEN* für 4 Personen

4 Scheiben Toastbrot, etwas Butter,
4 Scheiben gekochten Schinken, 1 Stück
abgewaschene Gurke, 4 Scheiben Ananas,
italienisches Kräutersalz, 4 Scheiben
Chesterkäse, 1 große Tomate, 1 Eßlöffel
feingeschnittene frische Kräuter.

ZUBEREITUNG**

Zuerst die Weißbrotscheiben leicht
toasten und Butter daraufstreichen. Danach Schinken und dünne Gurkenscheiben
darauf legen. Dann kommt die Ananas drauf
und der Käse drüber. Auf jedes Brot etwas Kräutersalz streuen. Zum Schluß legt ihr
auf jeden Toast 1 Tomatenscheibe und noch 1 Stück Käse.
Nun die Toastbrote auf ein Backblech legen und bei 220° ca. 10 Minuten backen. Auf
die fertigen Toastbrote streut ihr noch die frischen Kräuter.

Bilduntertitel:
- 1 Eßlöffel Kräuter
- Käse
- Tomate
- Käse
- Gurkenscheiben
- Schinken
- Butter
- Scheibe Ananas
- 1 Scheibe Toastbrot
- Backblech

Ü 19   a) Wie heißen die Zutaten auf englisch?

Käse = _____   Schinken = _____

Tomate = _____   Toastbrot = _____

Gurke = _____   Kräuter = _____

Ananas = _____

der | das | die

der Käse
....

b) Was bedeuten die Verben? (*Wörterbuch!*)

schneiden = _____   streuen = _____

streichen = _____   abwaschen = _____

Ü 20   Rezept für Robinson-Toast (*kurz gesagt*)

1. Weißbrotscheiben _____   6. _____

2. Butter darauf _____   7. _____

3. _____   8. Nun 10 Min. _____

4. _____   9. Zum Schluß _____

5. _____

* ingredients   ** preparation

Dialoge üben und dann schreiben

Ü1 **Geld sammeln für einen Schulbus**

   o Komm, wir müssen viel Geld sammeln.
     Mach doch mit!

   ● Und wann?

   o Am Samstag.

+	+/-	-

● Ja, ist gut.
  Was soll ich machen?
 	
o Du kannst .....
	● Ich weiß nicht, ich
	  muß .....
		● Nein, das geht nicht,
		  ich muß .....

Autos waschen
einkaufen gehen
Gartenarbeit machen
meinem Vater helfen
zum Training gehen
für meine Geschwister kochen

Und was noch? .....

Hast du auch eine gute Idee?

Ü2 **Mitmachen – oder nicht?**

Ich sammle für
den Streik.
Machst du mit?

+
+/-
-

Wir wollen eine
Party für alte Leute
machen.
Hast du Zeit?

+
+/-
-

Wir wollen morgen
einen halben Marathon-
lauf für die UNICEF
machen.
Kommst du mit?

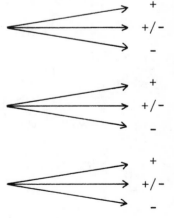

+
+/-
-

Ü 3 Wir gehen in die Disco!

Dein Freund plant einen Discoabend im Jugendzentrum.
Du willst alle Details wissen. Was fragst du deinen Freund – und was antwortet er?

o Was hast du Samstag vor?

● Du, ich mache einen Discoabend im Jugendzentrum.

o .....?

Ü 4 Ein Brief an einen Freund in Österreich

*Mit ein paar Klassenkameraden hast du eine Schulreise nach
Österreich zum Skilaufen organisiert. Du schreibst an deinen
Brieffreund und erzählst, was ihr gemacht habt.*

Mein Kalender: *

OKTOBER

mo	1	
di	2	ein Team zusammenkriegen
mi	3	
do	4	40
fr	5	
sa	6	
so	7	
mo	8	die Reise diskutieren
di	9	
mi	10	41
do	11	
fr	12	Ich – mit dem Direktor reden!
sa	13	
so	14	die Eltern wegen der Reise fragen
mo	15	
di	16	Jane – Poster malen
mi	17	– Publicity organisieren 42
do	18	Phillipa – die Reise vor allen
fr	19	Schülern bekanntmachen
sa	20	
so	21	
mo	22	Namen + Geld sammeln
di	23	
mi	24	
do	25	Hart arbeiten 43
fr	26	
sa	27	
so	28	
mo	29	Kriegen wir unsere 25 Leute
di	30	zusammen? Schaffen wir es? 44
mi	31	reformationstag

*Geschenk von Franz

Liverpool, den 5.11. 19 ....

Lieber Franz,
unsere Reise nach Österreich klappt!!!
Wir kommen in den Osterferien. Denk Dir,
in der ersten Oktoberwoche haben wir ein
gutes Team zusammengekriegt.
Dann haben ...

zuerst ..., dann ..., eine Woche
später ..., zum Schluß ...

Internationaler Klub

Treffpunkt für junge Leute aller Nationalitäten

Programm NOVEMBER-DEZEMBER

theater * kontakte * fahrten *
* gespräche * Spiele * kult
* tanz * sport *
diskussion * folklore * kochen * film * informati
theater * werken * musik
* kontakte * ausflüge * feste * diskussio
* töpfern * musik * gespräche * diskussion
* tanz *
basteln * thea
fahrten * kultur * sport
* wandern * kulinarisches *

Nymphenburger Str. · Maillingerstr. · Blutenburgstr. · Rupprechtstraße · Weißstraße · Arnulfstraße · S-Bahn, Bus 32, 33

Klarastraße 10, 8000 München 19, Tel. 129 42 46

Für Informationen und Gespräche haben wir Zeit:

Am Montag und Donnerstag   9 – 13 Uhr
Dienstag   15 – 20 Uhr

Ü5   Welche Klubaktivitäten gibt es hier?
Mache Notizen:

1. Ausflüge
2.
3.
4.

**Welche Freizeitaktivitäten fehlen?
Was meinst du?**

Ü6

○ Wie kommt man von der U-Bahn
(U 1) zum Internationalen Klub?

● Zuerst _____.

Dann _____

○ Wann kann man dort Informationen bekommen?

● _____.

Ü7   **Partnerarbeit: Ein Programm für den Monat Dezember planen**

DEZEMBER

		8	9	10	11	12	13
sa	1						
so	2	1. advent					
mo	3						
di	4						49
mi	5						
do	6						
fr	7						
sa	8						
so	9	2. advent					
mo	10						
di	11						50
mi	12						
do	13						
fr	14						
sa	15						

so	16	3. advent	
mo	17		
di	18		
mi	19		51
do	20		
fr	21	winteranfang	
sa	22		
so	23	4. advent	
mo	24		
di	25	1. weihnachtstag	
mi	26	2. weihnachtstag	52
do	27		
fr	28		
sa	29		
so	30		
mo	31	silvester	1

Ü8   **Wörter mit "Jugend" im Flugblatt auf Seite 18**

_____   _____   _____

In deiner
Sprache: _____   _____   _____

Schlage im Wörterbuch andere Wörter mit *Jugend* und *jung* nach.

Der Jugendtreffpunkt Oberföhring ist in einem alten Schulhaus in der Muspillistraße untergebracht. Im Mai 1980 hat dort ein neues Team mit drei jungen Leuten angefangen:

Wir beraten Jugendliche in diesem Stadtteil. Wir wollen Hilfe geben und haben auch immer ein offenes Ohr für ihre Probleme. Von Montag bis Freitag haben wir von 15.30 Uhr bis 17.30 Uhr geöffnet, damit man sich besser kennenlernen kann. Sonst ist der Jugendtreffpunkt auch von 14.30 Uhr bis 15.30 Uhr für alle geöffnet, die mit unserer Hilfe Hausaufgaben machen wollen.

Unsere Gruppenangebote:

- Fotogruppe   Mo. 18.30 Uhr
- Theatertreff   Mi. 19.00 Uhr
- Discogruppe   Do. 18.30 Uhr

- Zeichenkurs   Di. 18.30 Uhr
- Filmgruppe   Do. 17.00 Uhr
- Zeitungsabend   Fr. 17.00 Uhr

Kommt doch einfach mal vorbei!

Das Team des JTP

Ü 9   Bitte die Antworten auf die Fragen im Text suchen:

1. Wo liegt der Jugendtreffpunkt? Wie heißt der Stadtteil von München?

2. Wie viele Leute arbeiten dort? Und seit wann?

3. Wie sind die Öffnungszeiten?

Ü 10

1. What do the people working there regard as their main tasks? a)?
                                                                  b)?

2. What are the special times for homework at the centre?

3. When can young people do a) drawing?
                             b) acting?

Ü 11   Gruppen- oder Partnerarbeit

Einen Jugendklub oder einen Sportklub in eurem Stadtteil vorstellen:

Wo liegt er? - Wann ist der Klub geöffnet? - Was kann man da machen?

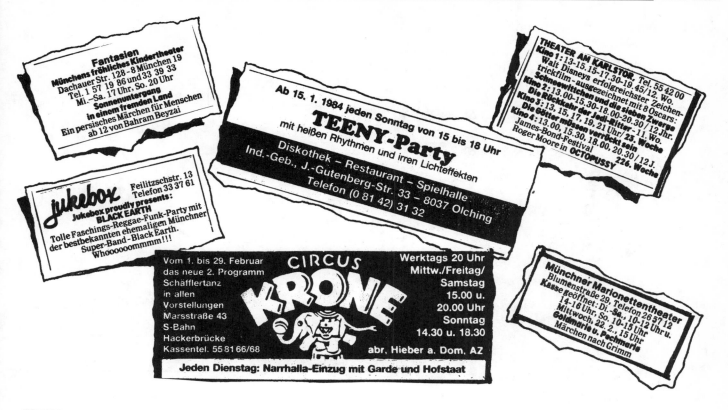

Ü 12

a) Welche Veranstaltungen* stehen in den Anzeigen?

Theater ☐   Konzert ☐   Party ☐   Diskothek ☐

Zirkus ☐   Sport ☐   Film ☐   Reisen ☐   Pop/Punk/Funk ☐

b) Wann ist die Teeny-Party?

_____.

Wann kann man in den Zirkus gehen, wenn man am Wochenende keine Zeit hat?

_____.

Wie alt muß man sein, damit man den Film "Octopussy" sehen darf?

_____.

Wo zeigt man diesen Film? _____.

Wann kann man im Marionettentheater Karten kaufen?

_____.

Wo spielt eine bekannte Münchner Band? _____.

Wie heißt das persische Märchen im Theater 'Fantasien'?

_____.

Was heißt das auf englisch? _____.

* events

Ü 13 Was hast du gemacht?

So! Schon wieder keine Hausaufgaben? Was hast du denn übers Wochenende gemacht?

Ich habe am Samstag im Supermarkt gearbeitet.

(Am Samstagabend bei Gaby – Schallplatten)

Am Samstagabend habe _____

Am _____

(Sonntag – Fußball)
(im Jugendclub diskutieren)
(Mittagessen kochen)
(Mofa von Paul holen)

Ü 14 Fragen schreiben

Wir haben am Rathaus Unterschriften gesammelt.

– Wo habt ihr Unterschriften gesammelt?

Die jungen Leute haben am 1. Juli demonstriert.

– _____?

Der Ball hat 60,– DM gekostet.

– _____?

Das Popkonzert hat 3 Stunden gedauert.

– _____?

Wir haben die Briefmarken auf dem Bahnhof gekriegt.

– _____?

Renate hat ihren Wagen um die Ecke geparkt.

– _____?

Ü 15   Was hat Silke in dieser Woche gemacht?   *Am Montag hat sie ...*

MONTAG	DIENSTAG	MITTWOCH	DONNERSTAG	FREITAG	SAMSTAG	SONNTAG
Haus- aufgaben	für Mathe lernen	Mutti wegen der PARTY fragen ??	Pauls Platten holen	Kochen und Zimmer einrichten	PARTY! (mit Bernd tanzen !?)	aufräumen

Ü 16   Was sagt Klaus?

Gestern war im Jugendzentrum eine Party. Nur Klaus hat nicht mitgemacht. Was sagt er jetzt?

"Nichts davon gehört!"

Er sagt, daß er nichts davon gehört hat.

"Keine Zeit gehabt!"

_____

"Ich habe bei Gaby Karten gespielt."

_____

"Keiner hat was gesagt."

_____

"Ich habe sowieso viel Geld für das Jugendzentrum gesammelt-"

| Weißt du |
| bessere Ausreden? |

_____

"- und 20 Leute für das Fest nächste Woche zusammengekriegt."

_____

Ü 17 Was meinst du?

Haben Jörg und Uli die Party gut organisiert?

| Ja, | ich | meine, | daß sie das | sehr gut | organisiert haben. |
| Nein, | | finde, | | sehr schlecht | |

1. Wie war das Essen?

   Ich finde, _____.

2. Wie haben die Hamburger geschmeckt?

   Ich meine, _____.

3. Die Musik war aber zu laut, oder?

   Nein, _____.

4. Hat Karin gestern gut gespielt?

   _____.

5. Jörg sagt, die Party hat mehr als 200 Mark gekostet - das ist sehr viel, oder?

   _____.

6. So, die beiden haben es gut gemacht, was meinst du?

   _____.

Ü 18 Was sagen / meinen / finden diese Leute?

Der FC Bayern hat wieder schlecht gespielt.

_____

Mein Bruder ist doof.

_____

Ich habe den Fernseher repariert.

_____

Wir haben viel Geld gesammelt.

_____

Die Schweiz (Confoederatio Helvetica)

26 Kantone (Bundesländer)
6 Millionen Einwohner. 74% sprechen Deutsch.
● Und die anderen Sprachen? Überlege mal.

Alphornbläser

Zürich

Matterhorn bei Zermatt
4 477 m

Hauptstadt Bern

NEU **TOBLERONE**®
Chocolat Tobler
ALPEN-VOLLMILCHSCHOKO...
...NIG- UND MANDEL-TORRONE
...es Schweizer Stammhauses

Suchards
Milka
Nuss

Lindt

● Was exportiert die Schweiz zum Beispiel?
Sammle mehr Informationen.

LK 2

Österreich (Republik Österreich)

Wien	Burgenland	Niederösterreich	Oberösterreich	Steiermark	Kärnten	Salzburg	Tirol	Vorarlberg

9 Bundesländer
7,5 Millionen Einwohner. 98% sprechen Deutsch.

● Und 2%? Sieh dir die Landkarte an.

Salzburg: Getreidegasse

Hauptstadt Wien

Schloß Schönbrunn

St. Christoph am Arlberg

Heiligenblut mit Großglockner
3 797 m

Innsbruck: Goldenes Dachl

Weinernte in der Wachau

In Kärnt

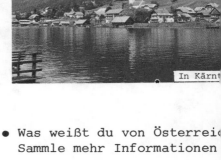

● Was weißt du von Österreic
Sammle mehr Informationen

Ü1 **Am Samstag war Thomas mit seinen Freunden im Jugendzentrum.**
 Was hat er in sein Tagebuch geschrieben?

② laufen

③ reden

① abholen

④ ein Zimmer einrichten

⑤ ein Poster malen

toll aussehen!!

⑥ ein Modellboot bauen

⑦ Schach spielen

Gabi

⑧ holen

unsere Band

⑩ sehen

ASTERIX

⑨ Musik machen

⑪ sein

⑫ nach Hause fahren

1. Gleich um 10 _____ Rolf _____ . 2. Wir _____ . 3. Zuerst
_____ . 4. Dann _____ zwei von uns _____ .
5. Stefanie _____ . Das _____ . 6. Heinz und
Sabine _____ . 7. Peter _____ mit Dagmar zwei Stunden
_____ . 8. Um 1 _____ . 9. Am Nachmittag _____
_____ . 10. Danach _____ . 11. Um 7 _____
_____ . 12. Deshalb _____ schnell _____ .

Ü2 **Was hast du mit deinen Freunden oder mit deinen Eltern am letzten Samstag gemacht?**

Notiere die Schlüsselwörter* und erzähle mündlich oder schreibe einen Bericht.

* keywords

Ü3 Dialoge schreiben, üben und spielen

Aktivitäten
auf einer Schulreise

Boot fahren
Fotos machen
ins Kino gehen
Ansichtskarten kaufen

Was noch?

o Du, Michael, sollen wir ins Museum gehen?

● Ach nein, ich bin schon
  letzte Woche ins
  Museum

  _____.

+ ● Ja, gut.   - ● Nein, lieber nicht.   ? ● Ich weiß nicht.

   Ich ____ noch nie*   Ich ____ nie* gern   Vielleicht _____

   _____.   _____.   _____.

* (noch) nie = *never*

in der Mittagspause

   o Iß doch ein Würstchen!

   ● Schon wieder! Ich _____ schon drei Würstchen _____.

   o Trink doch eine Limonade!

   ● Warum denn? Ich _____ schon zwei Limonaden

     _____.

   o Spiel doch Squash!

   ● Ich nicht! Ich _____ heute morgen _____.

   o Geh doch spazieren!

   ● Schon _____! ____ ____ _____ _____.

am Nachmittag

o Weißt du, was Gabi und Heinz gemacht haben?

● Vielleicht _____ sie ins Jugendzentrum _____.

o Nein, das glaube ich nicht.

● Na dann _____ sie vielleicht _____.

o Ich glaube, daß _____.

● Wer weiß.

Ü 4 Betty schreibt aus Tirol an ihre Freundin in Berlin.

(Verwende die richtigen Verben im Perfekt!)

Mösern, den 21.4...

Liebe Annemarie,

am 12. April _____ wir sehr früh _____.

Von Atlanta _____ wir nach München _____.

Dort _____ wir einen Bus bis in unser Skilager*

_____. Die Fahrt _____ 3 Stunden _____.

Unterwegs _____ John Gitarre _____, und ich _____

etwas _____. Garry _____ viel _____.

Nun ist es hier ganz toll: Sonne und viel Schnee!

Heute morgen _____ wir 5 km _____.

Danach hatten wir so viel Hunger, daß wir 1 Meter

Apfelstrudel mit Vanillesoße _____.

Natürlich _____ ich Bauchweh _____.

Aber es _____ prima _____.

Am Donnerstagabend kommen österreichische Jugendliche

zu uns: Die _____ wir in Innsbruck _____.

Wir _____ für sie ein richtiges Hüttenfest** _____.

Schreib mir auch.

Herzliche Grüße *Betty*

starten

nehmen

dauern

schlafen

Finde
die
Verben
selbst

treffen

planen

* camp ** ski-hut party

Ü 5 Bitte erzählen:

Habt ihr eine interessante Schulreise gemacht?
Wohin? - Wann? - Wie lange? - Wo habt ihr gewohnt? - Was habt ihr gemacht? - Wann
seid ihr zurückgefahren?

Ü6 **Rätsel* raten – was fehlt hier?**

○ Was _____ von Stadt zu Stadt und transportiert viele Leute?

● Ein Z_____.

○ Wen _____ Supermann jeden Abend?

● L_____ L_____.

○ Was _____ auf vier Beinen und hat ein schwarzes Fell?

● Eine K_____.

○ Wer _____ Detlev das Mofa?

● Kl_____.

○ Was _____ Rocky gern?

● Einen H_____.

* *riddle*

Ü7 **Schreibe nun einen kurzen Bericht.**

Erzähle, was dein Freund/deine Freundin morgen macht.
(Verwende Verben im Präsens - siehe Seite 32 im Lehrbuch.)

Ü8 **Sieh dir die Tagebuchseite von Heinz im Lehrbuch auf Seite 31 an.**

a) *Schreibe Schlüsselwörter heraus.*

b) *Berichte, was Heinz geschrieben hat.*

Da steht, daß er _____

Und daß _____

_____

_____

BRAVO

Aus einem Brief an das Jugendmagazin "Bravo":

Adam Ant

"Ihr habt in letzter Zeit überhaupt nichts mehr von Adam Ant berichtet. Wann kommt seine neue Platte auf den Markt? Stimmt es, daß er im Sommer in Amerika geheiratet hat?" fragt Ines R. aus Nürnberg. –

Hier die Antwort von Bravo:

Mitte September ist Adam Ant nach acht Monaten Aufenthalt in Amerika und Schweden nach London zurückgekehrt. Wie wir berichtet haben, mußte Adam seine 100-Tage-U.S.-Tour nach einer Knieverletzung unterbrechen und konnte sie erst nach einer Operation fortsetzen. In diesem Monat erscheint seine neue Single "Puss in Boots" (Der gestiefelte Kater) und eine neue LP, die er in Schweden aufgenommen hat. Zu den Gerüchten von einer Romanze mit Jamie Lee, einer Tochter von Tony Curtis, sagt Adam: "Ja, ich habe mich mit ihr getroffen und halte sie für eine fabelhafte Schauspielerin. Alles andere ist mein Geheimnis!"

Ü 9   Bitte ergänzen:

Adam Ant ist im _____ nach England _____ . Vorher war er in _____ und _____ . Leider mußte er seine US-Tour _____ . Er mußte operiert werden, weil sein _____ nicht in Ordnung war. Seine neue LP hat er in _____ produziert.

In Amerika hat er sich mit Jamie Lee _____ . Sie ist die _____ von Tony Curtis. Adam findet, sie ist eine gute _____ . Zu den Gerüchten von einer Romanze mit ihr sagt Adam im Moment _____ .

Ü 10   Interview

Denk dir, du machst ein Interview mit einem anderen Popstar. Welche Fragen würdest du stellen?

Deutschlands führende Musikzeitschrift

MUSIK EXPRESS Sounds

SFR. 3,80 ÖS. 28

DM 3.50

Nr. 11 November

GASTKRITIKER Ian Gillan

Gast-Kritiker Ian Gillan, ehemals Sänger von Deep-Purple, heute Black-Sabbath, hörte das erste Tape morgens um 20 nach 6 – nach langer Nacht zu früher Stunde. Hier sein Kommentar: „Genesis" ist sensationell, erstaunlich, brillant. Das kann man überall hören, im Auto oder auf 'ner Party.

Von **Chief Ebenezer Obey** habe ich noch nie was gehört, die Produktion ist übel, das Feeling gut. **Jonathan Richman** kenne ich auch nicht. Klingt wie 'ne 69er Demo, lausige Musik, lausige Texte.

X – ein neuer Name für mich. Primitive, erdige Produktion, die aber durchaus ihren Reiz hat. Diese Mischung von Funk und R & B hat der Musik lange gefehlt. **Style Council** produzieren gute Sounds, schöne Harmonien, intelligente Lyrics – so was braucht die heutige Musik. **Comsat Angels** – guter Sound, gute Produktion, aber das habe ich alles schon mal gehört. **Whodini** klingt wie Rap, wird wohl nur in den Discos Erfolg haben. **Jo Boxers:** müde, langweilig und amateurhaft, Hilfe! **The Motels** mag ich, Respekt; die Musik ist ehrlich und kommt gut rüber. Das ist Entertaining. Vor allem die Sängerin gefällt mir.

Schlüsselerlebnis:
Bei Deep Purple, Black Sabbath und Jesus Christ Superstar mitgemacht zu haben.

Bestes Konzert:
Climax Blues Band in England

Vorlieben:
Ehrlichkeit

Abneigungen:
Leute, die immer lächeln

Musik:
Alles Erdige

Schriftsteller:
Edgar Allan Poe

Lieblingsessen:
Gebackene Bohnen, Rühreier, Steaks und Milch

Frühere Berufe:
Keine

Kneipen:
Von 69 bis 72 das „Speak Easy" in London, ansonsten jede Bar, wo ich einen Drink kriegen kann.

Hobbies:
Fußball, Schwimmen, Tiefseetauchen und Schreinern.

Erstes Musikerlebnis:
Gründung meiner ersten Band Moonshiners 1962

Musikalische Einflüsse:
Elvis, Cliff Bennett, Richie Blackmore...

Zeitgenossen, die du gerne treffen würdest?
Robert Plant und Mick Jagger

In welcher historischen Epoche würdest du gerne leben?
Im Mittelalter – unter aktuellen medizinischen Voraussetzungen und mit meinem heutigen Wissen

Musiker, mit denen du arbeiten möchtest?
Millionen

Deine größte Angst?
Die britische Musik-Presse

Kannst du dir vorstellen, keine Musik zu machen?
Nein

Verliebst du dich oft:
Nein

Zukunftspläne:
Musikalischen und kommerziellen Erfolg mit Black Sabbath zu haben

Deutschland-Eindruck:
Ich liebe es

Inspiration:
real life

Ü 11 Was weißt du von Ian Gillan?

Er hört nur Rockmusik gern.

Er war schon immer Musiker.

Er interessiert sich auch für Sport.

Elvis findet er blöd.

Er ist jetzt bei Black Sabbath.

richtig	falsch

Ü 12 Ians Urteil über die Platten

Ian findet Jonathan Richman gut.

The Motels haben eine gute Sängerin.

Chief Ebenezer Obey kennt er schon.

Comsat Angels haben neue Ideen.

Whodini – gut zum Tanzen.

richtig	falsch

Ü 13 Was sagt er über die neuen Platten? – Bitte einordnen (Wörterbuch)

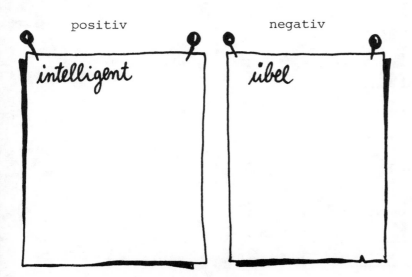

ehrlich   übel   lausig   sensationell

müde   intelligent   langweilig

kommt gut 'rüber   brillant   amateurhaft   erstaunlich

positiv — intelligent

negativ — übel

Ü 14 Was meinst du?

● Schreibe deine Hitparade auf.

● Kommentiere die von deinem Nachbarn.

super

nicht übel

lau*   mies**

* not much good   ** awful, terrible

3C

Ü 15 Was hast du am Wochenende gemacht?

Am Freitagabend habe ich einen tollen Videofilm _____ .

Am Samstag sind mein Freund und ich zu einem Fußballspiel _____ ,

aber Chelsea hat nicht gut _____ .

Am Sonntag habe ich zu viel _____ , und am Nachmittag habe ich

_____ .

Der Sonntagabend war langweilig - da habe ich nichts _____ .

> spielen - machen - schlafen - sehen - gehen - essen

Ü 16 Was habt ihr in den Ferien gemacht?

Wir _____ nach Bayern gefahren. Da _____ wir einen guten Camping-

platz gefunden. Der lag an einem großen See - da _____ wir jeden Tag

schwimmen gegangen.

Nachmittags _____ meine Mutter meistens gelesen und mein Vater

_____ mit uns spazierengegangen. Wir _____ kilometerweit gelaufen -

mir war das zu viel!

Ü 17 Axel spricht mit seinem Opa

Beispiel: o <u>Letzten Samstag</u> sind wir nach Nürnberg gefahren.

● <u>Wann</u> seid ihr nach Nürnberg gefahren?

o Letzten Samstag.

1. o Wir sind <u>mit dem Fahrrad</u> hingefahren.

● Wie _____ ?

o _____ .

2. o Wir haben <u>am Bahnhof</u> gegessen.

● _____ ?

o _____ .

3. o Für die Pommes frites haben wir <u>3.80 DM</u> gezahlt.

● _____ ?

o _____ .

4. o Dazu haben wir <u>Bier</u> getrunken.

● _____ ?

o _____ .

5. o <u>Mutti</u> war echt sauer auf uns.

● _____ ?

o _____ .

32

Ü 18 **Was hat deine Familie gemacht,
als du noch klein warst?**

Beispiel: Am Wochenende ..... (mein Vater und ich) .....

Am Wochenende haben mein Vater und ich im Garten gearbeitet.

Samstags ..... (meine Geschwister und ich) .....

_____

Nachmittags ..... (ich) .....

_____

Oft ..... (mein Vater und ich) .....

_____

Immer ..... (meine Mutter und ich) .....

_____

Im Sommer ..... (die ganze Familie) .....

_____

Sonntags ..... (wir) .....

_____

Und zu Weihnachten? ..... zum Geburtstag? .....?

spazierengehen - kochen - die Muppet-Show sehen -
in Urlaub fahren - malen - ein Bilderbuch lesen

Jugend und Freizeit

Foto: SPORT SCHECK

Welche Freizeitaktivitäten zeigen diese Bilder?

Ü1 Einen Dialog schreiben

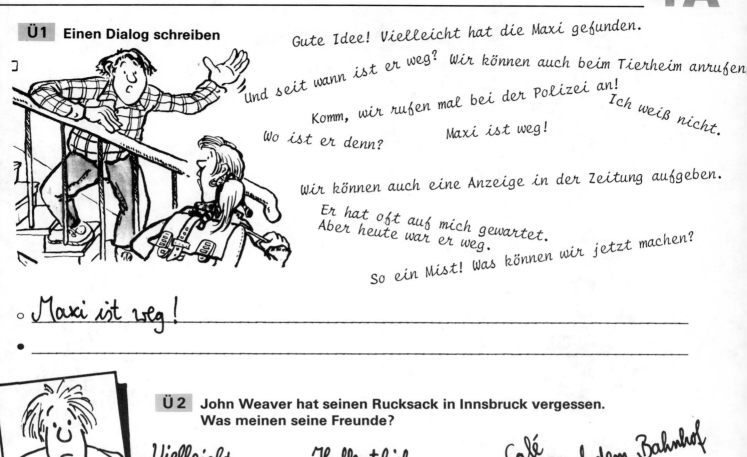

Gute Idee! Vielleicht hat die Maxi gefunden.

Und seit wann ist er weg? Wir können auch beim Tierheim anrufen.

Komm, wir rufen mal bei der Polizei an! Ich weiß nicht.

Wo ist er denn? Maxi ist weg!

Wir können auch eine Anzeige in der Zeitung aufgeben.

Er hat oft auf mich gewartet.
Aber heute war er weg.

So ein Mist! Was können wir jetzt machen?

○ Maxi ist weg! _____

● _____

**Ü2 John Weaver hat seinen Rucksack in Innsbruck vergessen.
Was meinen seine Freunde?**

Vielleicht... Hoffentlich... im Café auf dem Bahnhof
Ich glaube, daß... kein Geld darin

Ich finde, daß...
zum Fundbüro

Ü 3 **Und was sagen die Freunde noch?**

<u>Wenn</u> jemand den Rucksack _____, bringt er ihn bestimmt zur Polizei."

"_____ du Geld _____, kann ich dir 200 Schilling geben."

"_____ du fotografieren _____, leihe* ich dir meine Kamera."

"_____ wir eine Anzeige aufgeben _____, müssen wir schnell die Zeitung anrufen."

* lend

Ü 4 **John geht zum Fundbüro und macht dort eine Liste. Was hat er verloren?**

1 Rucksack braun

3 Jeans blau

1 Jacke dunkelrot

2 Sweat-Shirts amerikanisch

1 Pullover dick

Turnschuhe weiß

1 (der) Schlafsack* gelb

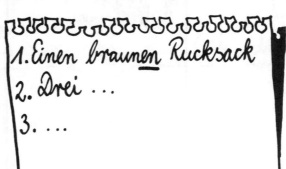

1. Einen braunen Rucksack
2. Drei ...
3. ...

1 Kamera neu

1 Wörterbuch deutsch

1 Radio klein

2 Bananen groß

1 Notizbuch schwarz

1 Kugelschreiber hellgrau

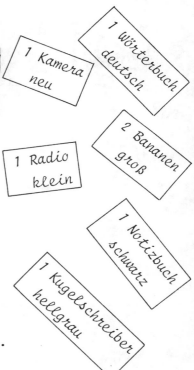

Ü 5 **Dialog im Fundbüro**

o Ich hab einen Rucksack verloren.
● Was für einen?
o Einen braunen.
.....

(Wähle andere Dinge!)

Was für einen? Was für ein<u>e</u>? Was für ein<u>s</u>?
Was für <u>welche</u>?

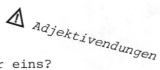

Adjektivendungen

* sleeping bag

Ü6 **Was machst du, wenn .....?**

Wenn meine Mutter böse ist, ...

Wenn ich nicht schlafen kann, ...

Wenn meine Großeltern zu Besuch kommen, ...

Wenn ich Angst habe, ...

Wenn unser Hund krank ist, ...

Wenn Liverpool gewinnt, ...

.....

Beliebte Tiere

Jede zweite Familie in der Bundesrepublik hält ein Haustier. Das sind auf 10,1 Millionen Haushalte: 6,9 Millionen Vögel, 2,9 Millionen Hunde, 2,5 Millionen Katzen, 2,8 Millionen Nager und Terrarientiere und 50 Millionen Zierfische.

Nager oder Nagetiere = *rodents*

Zierfische = *ornamental fish*

Ü7 **Lies den Text und antworte dann:**

10,1 Millionen Familien in der Bundesrepublik haben zusammen:

6,9 Millionen _____

2,9 Millionen _____

2,5 Millionen _____

2,8 Millionen _____, z.B. H _____

und _____, z.B. Schlangen

50 Millionen _____

Wie ist das in deinem Land? Was denkst du?

Vermißt

Zeitungsmeldungen

A Seit gestern 7.30 Uhr wird die 12jährige Anja Stoll aus München vermißt.

Sie ist 1,62 m groß, hat braune, bis zur Schulter reichende, glatte Haare, trägt eine Brille und Ohrringe.

Sie ist bekleidet mit einer halblangen Jeanshose, einer blauen Jeansjacke mit blauen und roten Streifen und mit weißen Turnschuhen. Sie hat eine hellbraune Schultasche bei sich.

Wer hat Anja gesehen?

B Gesucht wird seit Montag der 14jährige Hans Berger aus Würzburg.

Er trägt eine blaue Hose, einen grünen Anorak und braune Schuhe. Außerdem hat er einen Kinderrucksack bei sich.

Vermutlich ist er mit einem roten Fahrrad unterwegs.

Wer hat Hans gesehen?

Hinweise (*information*) an jede Polizeidienststelle (*police station*).

Ü 8 Was steht in Text A und in Text B?

	Alter	Größe	Wohnort	Kleidung	Andere Merkmale*
Anja Stoll					
Hans Berger					

* other details

Ü 9 Berichte nun von Anja mit deinen eigenen Worten:

Die Polizei in München sucht _____

Sie ist _____ und _____

Anja _____

_____

Ü 10 Stell dir vor, Anja ist seit 2 Tagen wieder zu Hause. Was hat sie ihren Eltern erzählt?

*Verwende folgende Stichwörter**:* Bahnhof – Zug – Großeltern in ... besuchen – Polizei – ...

** keywords

Ü 11 Englische und deutsche Redewendungen*

Was gehört zusammen?   * sayings

1. One swallow doesn't make a summer.

2. He killed two birds with one stone.

3. His bark is worse than his bite.

4. She is cuckoo.

5. He often behaves like a bull in a china shop.

6. Don't buy a pig in a poke.

7. He stopped in the middle of nowhere.

a) Sie hat einen Vogel.

b) Es ist dumm, die Katze im Sack zu kaufen.

c) Er benimmt sich oft wie ein Elefant im Porzellanladen.

d) Eine Schwalbe macht noch keinen Sommer.

e) Bellende Hunde beißen nicht.

f) Er schlug zwei Fliegen mit einer Klappe.

g) Er hielt, wo sich Fuchs und Hase 'Gute Nacht' sagen.

1						
d						

What do the German phrases really mean? Try to find out using a dictionary and make a list in German of the animals mentioned.

Ü 12 Fünf kurze Antworten, bitte:

1. Wie heißt der Vogel im Text auf deutsch?**

2. Wann soll er sprechen lernen?

3. Wie lange dauert es, bis sich der Vogel zu Hause fühlt?

4. Was soll man mit ihm üben?

5. Wann soll man üben?

** Brit. *budgerigar*,
Amer. *parakeet*

Fünf „goldene" Regeln:

So lernen Vögel sprechen

① Je jünger ein Wellensittich ist, desto leichter nimmt er menschliche Laute auf. Am besten eignen sich Tiere zwischen fünf und zwölf Wochen.
② Zwei Wochen im neuen Heim braucht das Tierchen, bis es zahm auf die Hand kommt. Sein Vertrauen ist wichtig.
③ Die ersten Lektionen sollten aus möglichst kurzen Wörtern (Bibi, Anna usw.) bestehen, die man oft wiederholt.
④ Frauen- und Kinderstimmen sind für diese Übungen besonders geeignet.
⑤ Abends lernt ein Wellensittich am besten. Wenn die ersten Worte „sitzen", braucht der Vogel kein Training mehr: Nun lernt er von selbst.

Karussell

Jugendliche aus Deutschland und aus der Schweiz schreiben an ein Schülermagazin

① Hallo, Rock- und Popfans!
Sammle Poster und Autogramme von Nena
für unseren Fan-Club. Wer zuerst schreibt,
kriegt eine Einladung.
Peter Hollmann
D-5300 Bad Godesberg

② Wer liest so gern wie ich? Abenteuerge-
schichten und Krimis, auch Asterixhefte.
Freue mich über jedes Geschenk. Kann schö-
ne Muscheln* bieten.
Sabine Ziegler
D-3504 Kaufungen

③ Ich sammle Fotos von Eishockeyspielern,
Aufkleber und alte Singles von Elvis. Schicke
Tierpostkarten oder prima Kugelschreiber.
Andreas Bächler
CH-8008 Zürich

④ Wer hat originelle Tips für Partys: Rezepte,
Rätsel**, Spiele? Vielleicht interessiert Ihr
Euch für hübsche Ringe oder Ketten aus mei-
nem „Laden"?
Nina Thielen
D-8300 Landshut

⑤ Suche alles über die Rolling Stones. Für die
schnellste Antwort habe ich einen tollen
Preis. Die anderen bekommen echte Schwei-
zer Schokolade.
Gabi Sonnleitner
CH-4125 Riehen/BS

⑥ Briefmarken aus aller Welt sind mein Hobby.
Wer schickt mir welche, besonders aus Über-
see? Biete dafür Anstecknadeln*** und schö-
ne Postkarten.
Rolf Kügli
CH-3012 Bern

⑦ Tausche Comics und Briefmarken. Suche But-
tons***, große und kleine. Schreibt bitte an:
Karin Klein
D-6078 Neu-Isenburg

*Muscheln = *shells*; **Rätsel (pl.) = *riddles*; ***Anstecknadeln, Buttons = *badges*

Ü13 Lies die Texte genau und mache dann Notizen.

Was sammeln die Jugendlichen und was bieten* sie?

	sammelt	bietet
1) Peter Hollmann	Poster, Autogramme	Einladung
2)		
3)		

bieten = offer

**Ü14 Und was sammelst du? Frage auch deine Klassenkameraden.
Macht zusammen eine Liste.**

Was für ein Tier ist das? Es hat …

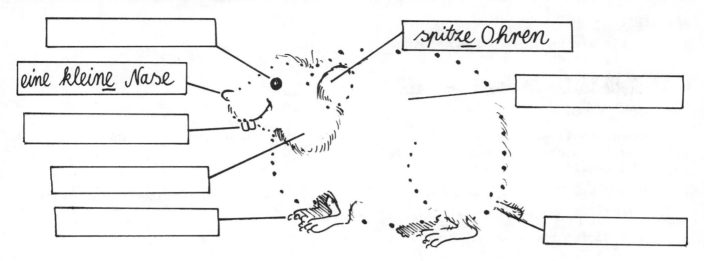

spitze Ohren

eine kleine Nase

Ü 15 **Bitte zeichnen und die Kästchen* mit Wörtern ausfüllen, wie in dem Beispiel**

Was paßt zusammen?

spitz · klein · kurz · weich soft · lustig · dick · weiß · scharf

die Nase   die Zähne *(Pl.)*
das Fell   die Ohren *(Pl.)*
der Schwanz**   die Augen *(Pl.)*
          die Backentaschen*** *(Pl.)*
          die Pfoten *(Pl.)*

Ü 16 **Beschreibe einen Freund oder dein Lieblingstier**
(Alter – Größe – Augen – Beine – Kleidung/Fell …)

* boxes ** tail *** cheek pouches

Ü 17 **Zu zweit üben und dann schreiben**

Beispiel: Ich komme nach Hause.   Ich spiele mit unserem Computer.

Wenn ich nach Hause komme, spiele ich mit unserem Computer.

1.   Ich wasche unseren VW.   Ich bekomme mehr Taschengeld.

2.   Mein Bruder geht zum   Er fühlt sich immer wohl.
     Fußballstadion.

3.   Ich habe morgens Hunger.   Ich kaufe mir Bonbons in der Pause.

Beispiel: Ich räume mein Zimmer nicht auf. Meine Eltern sind böse.

Wenn ich mein Zimmer nicht aufräume, sind meine Eltern böse.

1.   Ich kriege nicht genug   Die anderen müssen hart arbeiten.
     Leute zusammen.

2.   Du machst nicht mit.   Die Reise klappt nicht.

3.   Ihr fangt nicht gleich an.   Wir schaffen die Arbeit nicht.

4C

Ü 18 Vielleicht? Hoffentlich? – Schreibe die Sätze links noch einmal.

Beispiel:

o   Ich schreibe in Mathe eine Eins. (hoffentlich) • Glaub' ich nicht.

o   *Hoffentlich schreibe ich in Mathe eine Eins.* • *Du? Nie!*

o   Unsere Volleyballmannschaft gewinnt nächsten Samstag. (hoffentlich) • Nee, das glaub ich nicht, du.

o   Das Wetter ist am Samstag schön. (vielleicht) • Nee, am Wochenende regnet es meistens.

o   Wir dürfen nächsten Freitag in die Disco. (hoffentlich) • Ja, wir müssen aber Mutti fragen.

o   Sie ist nicht krank. (hoffentlich) • Nein, bestimmt nicht.

o   Dieses Jahr fährt meine Schwester nach Spanien. (vielleicht) • Oh, da möchte ich auch hin.

Ü 19 Bitte ergänzen:

Meine Mutter ist furchtbar. Gestern half ich ihr beim Waschen, und dann gab es
ein___ Riesenkrach. Dabei hatte ich es nur gut gemeint. Ich stopfte die ganz___
schmutzig___ Wäsche in die neu___ Waschmaschine: zwei weiß___ Tischdecken, ein___
kariert___ Faltenrock, eine hellblau___ Bluse, ein Paar gelb___ Socken, ein rot___
und ein grün___ Hemd meines Vaters, einen braun___ Bademantel von meiner Mutter,
und weil immer noch viel Platz in der Waschmaschine war, stopfte ich noch meine
neu___ dunkelblau___ Jeans dazu. Dann nahm ich das best___ Waschmittel und stellte
die Maschine auf 90 Grad.

Ü 20 Unser neues Haus ist Spitze!

o Der Garten ist groß! • Oh ja, es hat einen großen Garten.

o Die Küche ist modern! • Stimmt, es hat ein___ modern___ Küche.

o Das Badezimmer ist sehr klein! • Richtig, es hat ein___ _____ _____ _____.

o Das Wohnzimmer ist bequem! • Stimmt, es hat ein___ _____ _____.

o Und die Garage ist ziemlich klein! • Du hast recht, sie hat ein___ _____ _____ _____.

o Und euer Haus? • Unser Haus hat _____.

Ü 21 **What information can you get from the cover of this magazine?**

Für alle Freunde der Natur

Nr. 3/4 '84
März/April

Belgien F 55 / Frankreich F 9 / Italien L 1900 / Luxembourg F 55 / Niederlande f 3,25 / Spanien P 155

DM 2,50

Conny EXTRA

Tier-Magazin

Reportage:
Karin-das Mädchen, das die Jockeys jagt

Fernsehen:
Boomer- ein Hund macht Karriere

Romantik:
Pferde-das höchste Glück auf Erden

Spannende Abenteuer
Zärtliche Tierfotos...
und ein Pony zu gewinnen

Weiter lesen Sie . . .

kurz und interessant	2/3	Die kleinsten Pferde der Welt	32–34
Humor	7	SOS Hilfe für Tiere	35
Das Mädchen, das die Jockeys jagt	8–10	Leserbriefe	38/39
Tierfreund des Monats	11	Neues Pony zu gewinnen	40/41
Wie der Fuchs den Jäger narrt	12/13	Ein Tag beim Tierarzt	45
Raten + Gewinnen	20	Hilfe, mein Hund kann lesen	46
Poster: Alle Vögel sind noch da	24/25	Pferdekauf: Ja oder nein	46
Schlittenhunde! Sie rennen für ihr Leben gern	26–28	Impressum	47
Basteln: Reise-Hundehütte	29	Telegramm aus Warendorf	48
So lernen Vögel sprechen	30/31	Poster/Foto-Wettbewerb	
		Titelfoto: Schapowalow, Fahn, Top-Fotos	

a) *How much does it cost?*
   How frequently is this magazine published?
   Six main features of this issue are mentioned in headlines. Say roughly what they are.

b) *If you bought the magazine, on which pages could you read about the following:*
   ● *Buying horses - yes or nor?*
   ● *Win a new-born pony*
   ● *Animal lover of the month*
   ● *How birds learn to talk*
   ● *Huskies: They love sleigh racing*
   ● *A day at the vet's*

Guten Appetit!

Wir möchten, daß Sie sich bei uns wohlfühlen und daß es Ihnen gut schmeckt. Deshalb sind Qualität, Sorgfalt und Sauberkeit unser oberstes Gebot. Und deshalb sind unsere Zutaten nur vom Besten. Das Fleisch zum Beispiel trägt das CMA-Güte-zeichen »Markenqualität aus deutschen Landen« und unterliegt ständigen, neutralen Kontrollen. Nicht zu vergessen: Was wir Ihnen anbieten, wird immer frisch serviert. Dafür garantieren wir. Und für Ihr nächstes Menü wird Sie die Auswahl an Speisen und Getränken, die Sie hier sehen, sicherlich auf viele schmackhafte Ideen bringen. Wir freuen uns auf Ihren nächsten Besuch!
Ihr McDonald's Team.

Das etwas andere Restaurant

Hamburger

Cheeseburger

Fischmäc®

Viertel-Pfünder Cheese

Viertel-Pfünder

Big Mäc®

McRib®

Heiße Apfeltasche

Pommes Frites

Das alles gibt's, natürlich gut verpackt, auch zum Mitnehmen!

Happy Mäc Shakes

Limo

Coke koffeinhaltig macht mehr draus. Sunny Drink

Sundae Eisbecher

Kaffee Kakao

Ü1 Bei McDonald's

Bitte schön?

Zum Trinken?

Zum Mitnehmen oder Hieressen?

So bitte, _____ Mark. - Guten Appetit!

o Du Gabi, was nimmst du?

● Ich nehme einen _____

mit _____ Und du?

o Einen _____

Also, einmal _____

und _____

● Eine Limo.

o _____

● _____

o Danke.

● Schmeckt's?

_____!

Mehr Taschengeld - *aber wie?*

Kathrin Sanders kriegt von ihren Eltern ganze zwölf Mark Taschengeld in der Woche, und einmal Kino kostet schon fast so viel. Sie hat noch drei Geschwister, da reicht's nicht für mehr.

Aber sie verdient sich selbst Geld dazu. Samstags, wenn sie schulfrei hat, arbeitet sie in einem Selbstbedienungsladen. Sie hilft verkaufen, sortiert und zählt Flaschen, macht im Lager Ordnung. Dafür bekommt sie dann fünf Mark in der Stunde. Das Geld ist natürlich wichtig. Aber Kathrin findet auch, daß man ein bißchen unabhängig wird und mit anderen Menschen zusammenarbeiten kann.

Wie sie diese Arbeit gefunden hat? Sie hat in den Geschäften herumgefragt. Die suchen manchmal eine Hilfe und freuen sich, wenn sie einen Schüler kriegen. Man muß eben nur fünfzehn Jahre alt sein. Sonst darf man nicht jede Arbeit annehmen.

Alle zwei Wochen trägt Kathrin Prospekte für ein Reisebüro aus. Dafür bekommt sie jedesmal fünfzehn Mark. Manchmal hat Kathrin nicht viel Freizeit, aber ihre Jobs fallen nur aufs Wochenende. Außerdem kann sie mit ihrem Geld machen, was sie will.

Ü 2 a) **Nimm ein Wörterbuch und sieh nach, was die unterstrichenen Wörter bedeuten.**
b) **Schreibe wichtige Informationen aus dem Text in die Kästchen:**

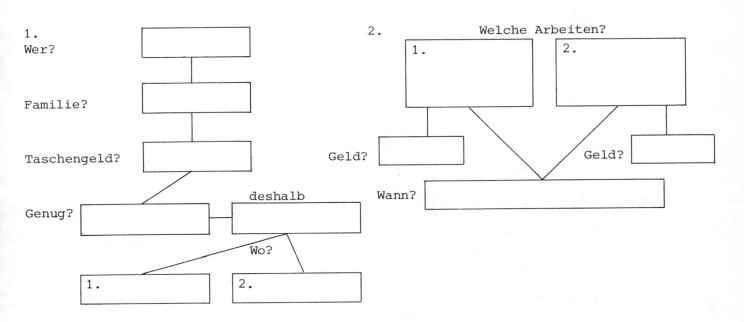

Ü 3 **Berichte mit den Schlüsselwörtern.**

(Mündlich/schriftlich; beginne deine Sätze nicht immer mit "sie", variiere ein wenig.)

Ü 4 **Was findet Kathrin besonders gut bei ihrer Arbeit?**

a) Daß _____

b) _____

c) _____

Soviel Taschengeld bekommen Kinder in der Bundesrepublik Deutschland (Angaben in %)			
	7–10 Jahre	11–14 Jahre	15–18 Jahre
unter 5 DM	15	2	1
6– 10 DM	48	15	2
10– 20 DM	26	37	13
20– 30 DM	5	18	12
30– 50 DM	3	23	29
50–100 DM	1	4	29

Soviel Taschengeld bekommen Jugendliche in der Bundesrepublik Deutschland.

Ü 5 **Wieviel Taschengeld kriegen junge Leute in deinem Land? Was meinst du?**

	Großbritannien	Kanada	USA
11–12 Jahre	£	c$	$
13–14 Jahre	£	c$	$
15–16 Jahre	£	c$	$

Ü 6 **Verdienst du auch etwas Geld? Wann? Und was machst du?**

_____

_____

Wieviel **£, c$, $** bekommst du in der Stunde oder pro Woche?

_____

Wieviel ist das in D-Mark, in Schweizer Franken (sfr) und in österreichischen Schilling (öS)? (Siehe Devisentabelle - *conversion table* - in der Zeitung)

Taschengeld

„Ich habe viel zu wenig Taschengeld", stöhnen die meisten Schüler. Wißt ihr aber schon, daß die schulpflichtigen Kinder und Jugendlichen in der Bundesrepublik jährlich 300 Millionen Mark für Süßigkeiten, Geschenke, Getränke, Comic-Hefte, Kino und Schallplatten ausgeben? In Hamburg hat eine Befragung von über 2300 Schülern ergeben, daß rund 90 Prozent der Befragten von ihren Eltern regelmäßig Taschengeld erhalten: In der ersten Klasse etwa acht Mark, in der neunten Klasse 30 Mark im Monat.

Ü 7 **Was steht im Text? Kannst du antworten?**

1. Die meisten Schüler in der Bundesrepublik meinen, daß _____

_____ .

2. Sie kaufen _____

_____ und

bezahlen pro Jahr zusammen _____ .

3. In Hamburg bekommen _____ von 2300 Schülern jeden Monat Taschengeld:

in der ersten Klasse (mit 6 Jahren) _____ , in der _____

Klasse (mit 15 Jahren) _____ _____ .

Ü 8 **Lies diesen Text über Mica aus Oberstdorf und notiere Informationen:**

Heute liest Mica Liebesgeschichten, morgen Karl May. Mica hört mit Begeisterung Soul-Platten. Sie tanzt mit ihren Schulkameraden zu heißer Musik in dem alten Schuppen hinter dem Haus. Und am nächsten Abend sitzt sie in ihrem Zimmer und spielt mit Puppen. Ist Mica ein Kind, eine junge Dame? Sie hat wohl von beidem etwas. Micaela Hofmann ist vierzehn Jahre alt, lang und schlank, blond.
Mica – niemand nennt sie Micaela – lebt in dem Wintersportort Oberstdorf im Allgäu.

Und wenn man ihr Leben betrachtet, das sie hier führt, kann man das sportliche Mädchen verstehen. Mica besucht die siebte Klasse einer Hauptschule. „Fürs Gymnasium hat es nicht gereicht. Ich bin einfach zu faul." Aber sie will später Fachschulen besuchen, um Kindergärtnerin zu werden. Das ist ihr Traumberuf. Ein Beruf, der viel Arbeit und viel Freude bringen wird. Viel Arbeit und viel Freude hat sie schon heute.
Mica lebt mit ihrem Bruder Heinz (10) bei der Mutter, die ein Dreißig-Betten-Hotel führt. Morgens um sechs Uhr ist die Nacht zu Ende. Dann holt sie abwechselnd mit ihrem Bruder

Brötchen für die Gäste. Nach einem gemütlichen Familienfrühstück ist es Zeit für die Schule. Auf dem Stundenplan stehen neben Mathematik und Englisch Eislaufen und Skifahren. „Wer geht schon in eine ganz normale Schule, in der auch der Wintersport zum Unterricht gehört?" Mica ist sehr stolz darauf.

Es macht ihr auch Spaß, der Mutter im Hotel zu helfen. In den Schulferien reinigt sie morgens die Zimmer. Sie weiß: Wenn sie hilft, hat man mehr Zeit für das Familienleben. Und das Familienleben wird bei den Hofmanns großgeschrieben. Familie und Hotelbetrieb sind voneinander getrennt. Trotzdem fühlen sich die Gäste hier wohl.

Ü 9 **So ist es bei Mica.**

1 Mica wohnt in _____

_____

2 Sie lebt dort mit _____

bei _____

3 Morgens steht sie _____

_____ auf.

4 Dann holt sie _____

_____

5 Nach dem _____

geht sie zur _____

6 Auf ihrem Stundenplan

stehen u.a. _____ ,

_____ und _____

7 Sie will _____ werden.

8 Sie liest _____ und

_____

9 Sie tanzt gern _____

_____ Haus.

10 In den Schulferien _____

Ü 10 Schreibe einen kurzen Bericht über Stefanie.

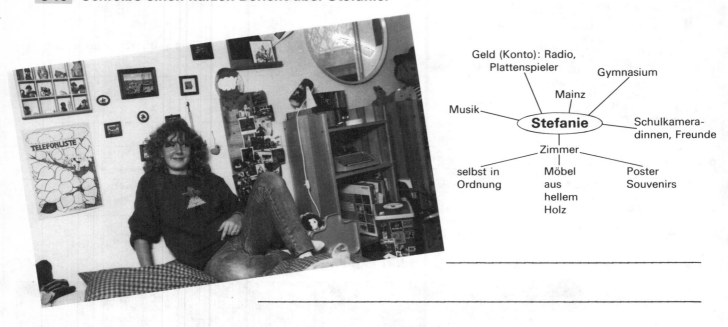

Geld (Konto): Radio, Plattenspieler

Gymnasium

Mainz

Musik

Stefanie

Schulkamera-dinnen, Freunde

Zimmer

selbst in Ordnung

Möbel aus hellem Holz

Poster Souvenirs

_____

_____

_____

_____

_____

Dies ist ein Diagramm von den Schulferien in Europa, Kanada und USA (showing the earliest and latest holiday dates for each country):

Die Sommerferien

	Juni	Juli	August	Sept.	Okt.
BR Deutschland	21.			17.	
DDR		7.		2.	
Belgien	29.			2.	
Bulgarien	1.			15.	
ČSSR	1.			2.	
Dänemark	23.			12.	
Finnland	1.			15.	
Frankreich		28.		6.	
Griechenland	15.			15.	
Großbritannien		30.		3.	
Irland	8.			31.	
Italien	17.			*)	
Jugoslawien	15.			1.	
Luxemburg		16.		14.	
Niederlande	21.			2.	
Norwegen	23.			20.	
Österreich		30.		9.	
Polen		30.		31.	
Portugal		30.		*)	
Rumänien	15.			15.	
Schweden	10.			15.	
Schweiz	16.			1.	
Spanien	20.			15.	
Türkei	15.			15.	
Ungarn	16.			*)	
USA		1.		3.	
Kanada		1.		5.	

Die Termine zeigen für jedes Land den Gesamtzeitraum von regional abgestuften Ferien. *)Genauer Termin steht noch aus. Angegeben ist stets der erste und letzte offizielle Ferientag.

ADAC

Ü 11 Nenne drei Länder aus

Nordeuropa: _____

Südeuropa: _____

Westeuropa: _____

Osteuropa: _____

Wo beginnen die Ferien schon Anfang Juni?

In _____

Wann haben die Schüler in der Schweiz und

in Österreich frei? _____

Welche Länder haben bis Mitte September

Schulferien? _____

Was hast du in den letzten Sommerferien

gemacht? _____

Was bedeutet ADAC?

Come and smile

Ihr Surfer, Golfer, Sonnenanbeter, Tauchfreunde, Tennisfreaks, Faulenzer, Nachtschwärmer, Pferdenarren, Gourmets, Squasher, Wasserratten, Jogger, Historiker, Langschläfer...!

WO? Auf Jersey natürlich! Ist doch logo!

WANN? Von April bis November oder wann Ihr wollt!

WIE? Per Surfbrett, Flieger, Segeljolle, Limousine oder über jedes Reisebüro!

WARUM? Um den wohlverdienten Urlaub nachzuholen!

ALSO! Informieren, und nichts wie ab nach Jersey – der Sonneninsel im Norden!

Senden an: Dept. G7, States of Jersey Tourism, Weighbridge, Jersey, Channel Islands.

Jersey

Werbung für die Kanalinsel Jersey auf deutsch

Ü 12 Lies die Anzeige:

Wann soll man nach Jersey reisen?

Wie kommt man auf die Insel?
Was steht im Text?

Wie nennt man Jersey im Text?

Ü 13 Was kann man auf Jersey tun? Was paßt zusammen?

1. Tennisfreaks   a) oft reiten

2. Langschläfer   b) viel schwimmen

3. Sonnenanbeter   c) gut essen

4. Wasserratten   d) Tennis spielen

5. Nachtschwärmer   e) sich für alte Zeiten interessieren

6. Historiker

7. Gourmets   f) morgens und abends laufen

8. Surfer   g) nichts tun

9. Jogger   h) lange schlafen

10. Faulenzer   i) spät ins Bett gehen

11. Pferdenarren   j) wellenreiten

12. Tauchfreunde   k) in der Sonne liegen

l) auf den Meeresgrund hinuntergehen

1											
d											

5

Eine Anzeige aus einer Zeitung

FUNDGRUBE ABC

Antiquitäten
Bekleidung
Cellos
Dromedar
Elektronik
Fotoapparate
Gartenbedarf
HiFi-Geräte
Instrumente
Jodelkurs
Kinderspielzeug
Leierkasten
Möbel
Noten
Ofen
Pflanzen
Querflöte
Rennpferd
Schallplatten
Tigerkäfig
Uhren
Videogerät
Werkzeuge
Xylophon
Yucca-Palmen
Zither

Ob Sie etwas verkaufen wollen oder etwas suchen, sagen Sie es in der FUNDGRUBE. Alles Mögliche und Unmögliche wird hier erfolgreich gesucht und gefunden.

Jeden Mittwoch private Gelegenheitsanzeigen im Münchner Merkur, seinen Heimatzeitungen und in der tz.
Jeden Donnerstag in den Anzeigenzeitungen Brucker Woche, Dachauer Woche, Freisinger Woche und Erdinger Wochenanzeiger.

Zum Mini-Preis von nur DM 4,– pro Druckzeile inkl. MwSt.

Ü14 Lies alle Wörter von A – Z.

Wie viele kannst du verstehen? *Mache eine deutsch-englische Liste. (Sieh die übrigen Wörter nach.)*

D	E
Antiquitäten	antiques

Ü15 Was können die Leute mit Hilfe der Zeitung tun?

Lies den Text unter den ABC-Wörtern.

Sie können etwas _____

oder _____

Was bedeutet also "Fundgrube" auf englisch?

Ü16 Ferien mit den Eltern

im Auto wegfahren
unterwegs ein Picknick machen
dann zum Campingplatz kommen
und in der See schwimmen gehen
Fußball spielen
gut essen
mit anderen jungen Leuten reden
in die Disco gehen
Fotos machen
nach Hause fahren

28.9.19__

Liebe Bettina,
die Ferien mit den Eltern waren toll! Wir sind...

Viele liebe Grüße!   Dein Peter

50

1 Was meinst du?

Jeans
T-Shirts
Schuluniform
Bier
Nudeln
Curry
Radfahren
Musik hören
Kochen
Der Klassenlehrer
Supermann
(etc.)

ist
sind
schmeckt
schmecken
sieht aus
sehen aus
macht Spaß

gut
praktisch
schick
fantastisch
furchtbar
doof
langweilig
(etc.)

Ich finde, daß T-Shirts _____
Ich meine, _____
Mein Freund Martin _____

2 Wer bin ich?

Schreibe einen Bericht über dich selbst - über deine Familie, dein Zuhause, deine Schule, deine Freunde. Was sind deine Hobbys, was findest du gut - oder nicht gut?

3 Ein Wochenende in Nürnberg

Was ist passiert?
Schreibe die Geschichte kurz auf:

| Heinz und Kalle |
| Nürnberg |
| Kino? · Bahnhof |
| Würstchen, Bier |
| Kalle - weg |
| Wohin? |
| Heinz nach Hause |

Heinz und Kalle sind _____ *gefahren.*
_____
_____
_____
_____
_____
_____
_____
_____

Und was hast DU am Wochenende gemacht? Schreib deinen Bericht auf.

4 **Eine Katastrophe!**

"Gestern habe ich meine Schultasche verloren! ..... (Erzähle weiter.)

> Hausaufgabe - der Mathelehrer - der Kuli - in der Pause
>
> in der Englischstunde - das Heft - das Englischbuch

5 **Ein Brief**

Frank war in Koblenz, in der Jugendherberge. Für Familie und Freunde hat er viele schöne Geschenke gekauft. Jetzt ist er wieder zu Hause und kann sie nicht mehr finden!

Er schreibt an den Herbergsvater:

Plastiktüte:

T-Shirt (rot)

Brieftasche (hellbraun)

Trainingsschuhe (neu)

Modellauto (sehr klein)

Bildband* von Koblenz (groß)

Birmingham, den 17. 8.

Lieber Herbergsvater,

_____

_____

_____

_____

_____

_____

_____

Ich danke Ihnen im voraus.
Mit besten Grüßen,
Ihr Frank Patterson

* <u>der</u> Bildband = *book of pictures*

6 **a)** Lies den Text
und schreibe die wichtigsten Informationen
in die Kästchen:

Was darf man
nicht verkaufen?

Wochentag

Datum

FLOHMARKT

Für wen?

Uhrzeit

Flohmarkt Münchener Freiheit

Am Samstag, 25. Juni, wird ein Flohmarkt für Kinder und Jugendliche bis zu 15 Jahren, im Forum Münchener Freiheit abgehalten. Die Veranstaltung beginnt um 8 Uhr und endet um 18 Uhr. Hierzu werden alle jugendlichen Flohmarktfreunde eingeladen. Das Anbieten von Kriegsspielzeug und selbstgemachten Dingen ist nach wie vor nicht erlaubt.

b) Was hast du gelesen?
Berichte mit dem Diagramm.

7

TIERMARKT

1. **Verschenke liebes** 1½jähriges Kätzchen, ☎ 7 09 64 13 ab 19 Uhr

2. **Perser-Kater,** cremefarbig, 9 Monate, zu verk., ☎ 80 55 30

3. Sehr schöne Rauhhaardackel-Hündin, 16 Mo. alt, äußerst lieb, an Familie m. Garten abzugeben*. ☎ 6 03 45 26

4. Bei Unfall am Brunntaldreieck am 1.11. Katze „Tiffany" grau/weiß entlaufen. Wem ist sie zugelaufen? ☎ 28 20 04

5. Vor Weihnachten in Neuperlach entlaufen: **Siamkater** 3 J. mittelgr., bl. Augen, weiß mit grau/schw. Zeichnung, hohe Belohnung für unseren Liebling. Telefon 34 90

6. **Schwarzer Kater** mit je einem weißen Fleck an Brust/Bauch, am 22.12. in Waldperlach entl. 100,– DM Belohn., ☎ 6 01 61 26 ab 17 h

7. **Ganz besonders hübsche** junge Häschen abzugeben, silbergrau/weiß, blaue Augen. T. 4 70 28 89.

8. Muß 2 lieb., rote Kater abgeben. Wer möchte weiterhin liebevoll für sie sorgen? Wenn mögl. m. Garten. ☎ 65 90 35

*abgeben = verschenken

Was steht in den Anzeigen?

	Welches Tier? (+ Adjektiv)	Alter	Verkauft Verschenkt Tel.Nr.	Entlaufen	Wann anrufen?
1.	Liebes Kätzchen	1½ Jahre	7096413		ab 19 Uhr
2.					
3.					
4.					
5.					
6.					
7.					
8.					

 **KLEINANZEIGEN**

ANGEBOTE

LPs Superraritäten: Rolling Stones, David Bowie, Beatles, Frank Zappa, Led Zeppelin, Clash, Mick Jagger & George Thurogood u. v. a. Kostenlose Liste verlangen bei R. Polastro, Postfach 26, CH-3000 Bern 31.

Farbkonzertfotos von Nena (neu Aug. 83), Supertramp, Stewart, Bowie, Nannini, Schneider, Lindenberg, BAP und ca. 100 weiteren Gruppen. Info-Liste gegen Rückporto an A. Lindenberger + E. Götten, Zeppelinstr. 16, 5950 Finnetrop 12.

5 Aufkleber gegen 10-DM-Schein: Friedenstaube, Petting statt Pershing, Ronald Reagan – Kellner bei McDonald, Stones-Zunge, BAP. Sofortversand: A. O. Theile, Am Hartenbauer 29, 8000 München 70.

Oldies, Oldies, Oldies, Oldies – Hallo Oldies-Freunde! Wir haben einen neuen Oldies-Single-Katalog für euch. Unseren Hauptkatalog 83/84 mit noch mehr Single-Raritäten wie bisher. Alles Originale und fabrikneue Platten. Gegen Einsendung von DM 3,– (Briefmarken) senden wir den Katalog sofort zu. Und hier unsere Adresse: **Oldies-Versand Heuberger, Postfach 68, 8480 Weiden/Opf. 2.**

4000 Original Singles Rock 'n' Roll, Beat, deutsche Schlager 50er + 60er Jahre verkauft J. Becker, Hans-Böckler-Str. 75, 4020 Mettmann. Rückporto 1,10 DM.

Verkaufe Stratus Synthesizer VB 3000,–, Roland Drummix VB 650,–, Verstärker VB 600,–. Alle Geräte 6 Monate alt. Telefon 01/41 21 04.

NACHFRAGEN

Suche alles von Kiss von 1973–1980. Vor allem Berichte, Poster, Konzertfotos, Konzertprogramme, Comics, Bücher, Pins, Aufkleber, überhaupt alles. Toll wäre auch ausländisches Material. Habe haufenweise Tauschmaterial von jedem Star und Gruppe. Schreibt mit Rückporto an: Herbert Palmowski, Talstraße 6, 5600 Wuppertal 2.

Suche guterhaltene Comics und Singles. Auch ganze Sammlungen. Asterix, Lucky Luke, Clever + Smart, Mad, Marvells, SF-Taschenbücher. Singles von Genesis, Roxy Music, Led Zeppelin, Deep Purple, Hawkwind, Bowie, Stones, Beatles, Yardbirds, Starclub-Singles, Singles 60er Jahre. Nur mit Bildhülle. Andere Singles, LPs, Comics bitte anbieten. Angebote mit Preisvorstellung an Bernhard Reinhardt, Rudolf-Herzog-Straße 4, 4904 Enger.

Stones-Videos gesucht, Fernsehreportagen, Filme, Konzerte, Raritäten der 60/70er Jahre? Angebote an Daniel Stalder, Allmendstr. 225, Bern, Schweiz.

Suche LP-Neuerscheinungen. Zahle bis zu 8,– DM. Angebote an: T. Hartmann, Fuchslochstr. 2, 5420 Lahnstein.

8

Ich *suche* folgendes - finde ich das hier?

- Farbfoto von David Bowie: JA / NEIN
- LP Oldies Katalog: JA / NEIN
- einen fabrikneuen Verstärker: JA / NEIN
- Singles der sechziger Jahre: JA / NEIN

Ich will folgendes *verkaufen* - wer kauft es?

- Stones Video: _____

- Kiss-Poster aus Amerika: _____

_____

- Lucky Luke Comicsammlung: _____

_____

- viele Singles von Genesis: _____

_____

9

Was kostet der Katalog? _____

- und die Postgebühr? _____

Wer interessiert sich für so etwas? _____

_____

10 Mein Sohn!!!

o Ja, ja, mein Sohn! Einfach furchtbar, wie er aussieht.

● Wie sieht er denn jetzt aus?

o Er ist jetzt sehr groß geworden, größer als ich. Er hat _____ und _____ Haare und trägt sogar _____! Meistens hat er ein _____ Hemd, eine _____ Hose mit einem Loch und _____ _____ Schuhe an. Er läuft immer mit einem _____ rum und hört _____ Musik. Einfach furchtbar!

11 Bitte einsetzen:

o Gibst du mir deinen roten Kuli?

o Martin, ist das euer neues Auto?

o Herr Hoefer, ich finde meine schwarze Schultasche nicht.

o Seit gestern haben wir einen kleinen Dackel.

o Unser Nachbar hat einen tollen Plattenspieler - ganz neu!

o Peter hat sich teure Fußballschuhe gekauft.

● Du, ich habe nur ei___ blau___.

● Nein, wir haben doch einen alt___ Ford.

● Ich habe nur ei___ braun___ gesehen.

● Früher hatten wir auch ei___ Hund. Jetzt haben wir eine klein___ grau___ Katze.

● Oh, wir haben nur ei___ alt___.

● So viel Geld habe ich nicht - ich habe ganz billig___.

12 Was sagt sie? Was meint er? Was finden sie?

1. "Ich habe Zahnweh." Sie sagt, daß _____

2. "Deutsch ist schwer." Er findet, _____

3. "Meine Mutter ist Klasse." Sie meint, _____

4. "Wiener Apfelstrudel schmeckt ausgezeichnet." _____

5. "Wir wollen ins Kino gehen." _____

6. "Mit Computern spielen macht Spaß." _____

7. "Die Schulferien sind zu lang." _____

8. "Ich trinke am liebsten Bier." _____

9. "Volleyball ist die beste Sportart." _____

10. "Unser Chemielehrer ist toll." _____

13   **Zu zweit üben und dann schreiben**

Beispiel: Ute *hilft* ihrer Freundin. Sie *werden* schnell fertig.

Wenn sie ihrer Freundin hilft, werden sie schnell fertig.

1. Du ißt so viele Hamburger.   Dir ist nachher schlecht.

2. Er fängt jetzt an.   Er kann schon um 6 gehen.

3. Ich bleibe länger im Bett.   Ich bin heute nachmittag nicht so müde.

4. Alle machen mit.   Die Reise kostet weniger.

5. Wir treffen uns um 4.30.   Wir können schnell eine Tasse Tee trinken.

6. Martin richtet seine Wohnung am Wochenende ein.   Wir können am Montag bei ihm feiern.

14   **Daniel erzählt, was er letzten Samstag gemacht hat:**

Am Vormittag habe ich (.....). Nachher (.....). Dann (.....).

Meine Schwester und ich (.....). Am Abend (.....). Erst um 11.30 (.....).

in meinem Verein Fußball spielen

die ganze Mannschaft - zusammen essen

wir - mit dem Bus nach Hause fahren

zwei Stunden im Garten arbeiten

meine Mutter - ein schönes Essen machen

wir alle - schlafen gehen

15   **Was sagen sie?**

Alexander: "Meine Eltern sind zu streng."   *Alexander sagt, daß seine ...*

Anna: "Meine Schultasche ist weg!"   *Anna sagt, ...*

Die Kirchners: "Unser Auto ist kaputt." _____

Stefan: "Ich finde deinen Fußball nicht." _____

Alexander und Anna: "Unser Kleincomputer ist der beste." _____

Julia: "Meine Haare sind zu lang." _____

Stefanie: "Deine Mutter ist sehr nett." _____

Ü1 **Schreibe eine Biographie zu den folgenden Stichwörtern:**

Vater: Lehrer

16 Jahre

Mutter: Bankangestellte

1 Bruder: 14 Jahre
1 Schwester: 3 Jahre

Deutsch - gut!

Hobbys:
Tanzen,
Musik hören

Mathe - schlecht!

Goetheschule

.... ist 16 Jahre alt .... wohnt in ....

Ü2 Debbie ist zu ihrer Brieffreundin nach Deutschland gefahren. Sie hat ihren Koffer so schnell gepackt, daß sie viele Sachen zu Hause vergessen hat. Leider ist ihre Freundin etwas größer als sie!

o Gabi, leihst du mir eine Bluse?

● Ja gern, aber meine _____ sind alle Größe 38.

o Ach schade, dann passen _____ _____ nicht.

● Wie gefällt dir dieser _____? Den gebe

ich _____ gern.

o Der ist wirklich _____. Größe 36 – wieso denn das?

● Ja, der _____ _____ Schwester. Ich hab' noch andere

Sachen von _____.

Ü3 **Debbie überlegt: Wer bekommt was aus Deutschland?**

Meinem Vater schenke ich _____

Der Klassenlehrerin schicke ich _____

_____

Ü 4 Debbie kauft sich ein Paar Schuhe.
Dialoge üben und schreiben.

o Guten Tag! Kann ich Ihnen helfen?

● Danke. Ich gucke nur.

● Haben Sie die Trainingsschuhe hier eine Nummer größer?

● Zeigen Sie mir bitte die Sandaletten im Schaufenster.

(Bitte schön...) (Geben Sie mir bitte..) (Wie gefallen...?) (zu teuer) (Ich möchte bitte...)

(Die stehen Ihnen...) (...passen...)

Ü 5 Debbie schreibt an Gabis Eltern:

Chester, den 8.11.19..

Liebe Frau Ribbe, lieber Herr Ribbe,
am Sonntagabend bin ich nach der langen Reise gut nach Hause
gekommen. Vati hat mich vom Flughafen abgeholt.
Ich möchte Ihnen für Ihre Gastfreundschaft danken. Die schönen
Tage bei Ihnen haben mir sehr gut gefallen. Am besten war

_____. Wenn meine Fotos fertig sind, schicke
ich Ihnen einige. Meine Eltern danken Ihnen für die Geschenke.

Herzliche Grüße und vielen Dank

Ihre Debbie

Ü 6 Stell dir vor, du hast zwei Wochen bei einer deutschen Familie verbracht.
Kannst du auch einen Dankbrief schreiben?

[Kaffee bei Oma]   [Besuch im Hallenbad]   [Fahrt auf der Donau]

Jugend bei der Feuerwehr

Markus (14): „Ich ging mit 12 Jahren zur Feuerwehr. Ich wollte an den freien Nachmittagen etwas tun. Aber ich habe auch neue Freunde gesucht."

Christian (14): „Ich mag all die technischen Geräte. Und man lernt hier etwas Sinnvolles. Ich finde: man muß wissen, wie man anderen Menschen in gefährlichen Situationen helfen kann."

Fast jede Stadt hat eine *freiwillige* Feuerwehr mit Jugendgruppen. In Kassel-Harleshausen sind es 17 Jungen zwischen 12 und 17 Jahren und drei er-
5 wachsene Ausbilder. Sie treffen sich einmal in der Woche und lernen; denn ebensowichtig wie praktische Übungen ist die Theorie. Lothar Abhau ist einer der Ausbilder. Er erklärt den Jungen die
10 Feuerwehr-*Ausrüstung:* die verschiedenen *Lösch-Fahrzeuge,* die Schläuche, Pumpen und *Feuerlöscher.*
Das Lern-Programm ist groß. Die Jungen müssen die Technik der *Geräte* kennen
15 und die verschiedenen Arten von Feuer. Bei brennenden Plastik-Teilen zum Beispiel müssen sie besonders vorsichtig sein: hier gibt es *gefährliches* Gas. Sie lernen viel über Physik und Chemie.
20 Christian Bauer (14) ist seit zwei Jahren bei der Gruppe. Damals hat er eine Übung der Jugendgruppe gesehen und fand es sehr interessant. Die Arbeit bei der Feuerwehr macht ihm Spaß. Darum
25 will er später auch zur *Berufsfeuerwehr.*

Die Jugend-Feuerwehr in Kassel-Harleshausen will nicht nur Feuer löschen. Reiner Wenig, der Chef, sagt: „Die Kameradschaft ist das wichtigste.
30 Die Jungen sollen sich wohl fühlen. Die Leute in der Gruppe müssen sich gut verstehen, sonst geht die Arbeit nicht." Sie müssen gut in der Gruppe zusammenarbeiten. Aber sie sollen auch selb-
35 ständig denken und handeln können. Für die meisten ist das schon nach kurzer Zeit kein Problem. Andere müssen es erst noch lernen.

Auch Markus Manß ist 14 und macht
40 seit zwei Jahren begeistert mit. Bei der Feuerwehr gibt es auch Nachtwanderungen, Bade-Ausflüge, Grillabende oder Zeltlager.

Ü 7   Was weißt du über die Jugendfeuerwehr?

Alter für das Training? Wie oft in der Woche? Wie viele Lehrer?

Ü 8   Was lernen die jungen Leute?

1. Das praktische Programm	2. Das theoretische Programm

Ü 9   Christian und Markus macht die Feuerwehr Spaß.

Nenne Gründe.

Ü 10   Vergleiche mit deinem Land:

Wo kann man freiwillig mitarbeiten? In welchem Alter? Training? Arbeit? Freizeit?

1 *voluntary;* 10 *equipment;* 11 *fire engines;* 12 *fire extinguishers;*
14 *gadgets;* 18 *dangerous;* 25 *fire service*

Ins Computer-Camp am See oder zum Tanzkurs in die Berge

Jugendreisen

Das Österreichische Jugendferienwerk Young Austria bietet für die großen Ferien ein Jugend-Reiseprogramm an. Und das ist etwas ganz Besonderes: Zum ersten Male können Jungen und Mädchen von 12 bis 16 Jahren in den Computer-Camps Radstadt und Zell am See die Welt der Elektronik kennenlernen. Und für 14- bis 17jährige ist in Altenmarkt am Fuße der Radstädter Tauern ein Ferien-Tanz-Studio eingerichtet. Zuerst werden alle Tänze vom Foxtrott über Rumba und Rock 'n' Roll bis hin zu Flashdance geübt.

Anschließend kann sich jeder für einen dieser vier Spezialkurse entscheiden: Standardtänze, Lateinamerikanische Tänze, Rock 'n' Roll-Perfektionskurse oder Modern Dance. Daneben gibt es tägliches Konditionstraining und,

wie in allen Feriencamps, das reichhaltige Freizeitprogramm mit Wandern und Schwimmen, Ballspielen und Basteln.

In den Computer-Camps lernen die jungen Leute am IBM-Personal-Computer den Aufbau und die Arbeit mit den Programmiersprachen Basic und Assembler. Ziel des intensiven Kurses: Computer-Programme ausarbeiten und anwenden. Auch hier gibt es natürlich viel Sport, Spiel und Spaß in der Freizeit.

Die Termine für Tanz- und Computer-Camp: 28. 6. – 18. 7.; 19. 7. – 8. 8.; 9. 8. – 29. 8. 1984. Preise für Tanz-Camp: 930 – 1040 Mark; für Computer-Camp: 1155 – 1270 Mark.

Auskunft: Young-Austria, Alpenstraße 108a, A-5020 Salzburg. Tel.: 0043–6 62 25 75 80.

In Altenmarkt am Fuße der Radstädter Tauern können Mädchen Jungen von 14 bis 17 Jahren drei Wochen das Tanzbein schw

Auf einer Anhöhe oberhalb von Zell am See liegt der Jugendferienh Hochfallegg, in dem der zweite und dritte Computer-Kurs stattfind

sich entschließen zu = *decide on*
basteln = *make things, work at a hobby*

Ü 11 **Was ist wo, wann und für wen?**

Unterstreiche zuerst die wichtigsten Fakten im Text und fülle dann die Kästchen unter 1. und 2. aus.

1.   **Was?**
   Wo?   **Wann?**
   Für wen?

2.

Ü 12 **Berichte mit eigenen Worten von den beiden Freizeitaktivitäten.**

Wenn du willst, kannst du folgende Ausdrücke verwenden:

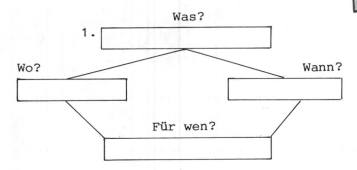

Ferien machen
in der Freizeit
tanzen üben
einen Kurs besuchen
Spezialkurse wählen

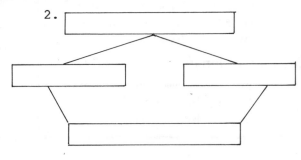

eine Computersprache lernen
wenn man ... alt ist
der Kurs dauert

Ü 13 **Wieviel £ oder $ sind DM 930 und DM 1155?**

Ü 14 **Stell dir vor, du möchtest an einem Kurs teilnehmen. Welche Informationen brauchst du noch?**

Ü 15 **Bitte die Beispiele ergänzen.**

(Und wie sagt man auf englisch?)

a) Mit d_____ Zug n_____ Zürich

Mit d_____ U–Bahn n_____ Hause

Mit d_____ Auto z__ _____ Großeltern

Mit d_____ Freundin z_____ Jugendzentrum

Mit d_____ Fußballschuhen z_____ Sporthalle

b) Nach _____ Schule z__ m_____ Freund

Nach _____ Essen z_____ Gitarrenstunde

Viertel _____ fünf gehen wir z_____ Training.

In den Ferien fliegen wir n_____ Kanada.

c) Meine Schweizer Brieffreundin wohnt für eine Woche bei _____.

(us)

Wir haben Deutsch bei _____ netten Lehrerin.

Gestern war ich b_____ Zahnarzt.

Sie arbeitet bei _____ Post.

B_____ Bahnhof gibt es eine gute Disco.

d) Seit (d_____) 1. August haben wir Ferien.

Seit e_____ Woche habe ich einen Führerschein.

Seit e_____ Monat ist er in New York.

e) Von _____ Schule bis z_____ Bushaltestelle

V_____ London n_____ Wien

Von m_____ Freund bis zu m_____ sind es 10 Minuten.

f) Mein Brieffreund ist a_____ Köln.

Ich sammle Briefmarken _____ vielen Ländern.

Um halb acht gehe ich aus d_____ Haus

Limonade trinkt man aus e_____ Glas.

Dieser Pullover ist _____ Wolle.

Ü 16   **Ergänze die fehlenden Formen.**

Jürgen hat ein neues Moped. Das hat er von _____ Vater zu Weihnachten bekommen. Jeden Morgen sagt seine Mutter zu _____: "Fahr vorsichtig bei _____ Verkehr!" Sie hat natürlich Angst seit _____ Unfall an der Ecke. Der Weg _____ Schule ist ziemlich weit. Auch ein paar von Jürgens Freunden kommen mit _____ Mopeds. Manchmal fahren sie nach _____ Schule ins Schwimmbad oder zu _____ Fußballspiel.

Ü 17   **Lies diesen Text.**

1. Jochen ist Fotograf bei einer Zeitung in Zürich.
2. Heute will er früher nach Hause, denn seine Freundin Sibylle hat ihn zu ihrer Geburtstagsparty eingeladen.
3. Natürlich möchte er ihr gern etwas schenken.
4. Deshalb fährt er mit dem Bus schnell ins Stadtzentrum.
5. Beim Bahnhof gibt es seit einem Monat einen neuen Plattenladen.
6. Dort kauft er seiner Freundin eine schöne Mozart-Platte.
7. "Die gefällt ihr bestimmt", denkt er, und zu der Verkäuferin sagt er: "Bitte als Geschenk einpacken."
8. Glücklich geht er aus dem Laden und nimmt die Straßenbahn vom Bahnhof zur Wohnung von Sibylle in der Alpenstraße.

Ü 18   **Schreibe eine Parallelgeschichte von Sibylle.**

Exchange the underlined words in the text for the correct form of the words below.

1. Sibylle – Designerin – (das) Modejournal
2. (der) Freund – (das) Fest
3. –   –
4. (die) U-Bahn
5. (die) Hauptpost – (das) Jahr – (das) Zoogeschäft*
6. (der) grüne Wellensittich
7. (der) Verkäufer
8. (der) Bus – (das) Haus – Sonnenstraße

⚠ Some of the words in the text you will have to change on your own.

* der Laden, das Geschäft = *shop*

Ü 19 **Wem gehört …?**

o Wem gehört die Sonnenbrille hier?   ● Die gehört mir.

o Wem gehört das Buch da?   ● Das _____

o … und die Turnschuhe hier?   ● _____

o … und die Tennisschläger hier?   ● _____

o … und der Cassettenrecorder da?   ● _____

Ü 20 **Antworten schreiben**

o Du, gibst du mir mal deinen Kuli?   ● Nein, dir gebe ich ihn nicht.

o Gefällt euch das Spiel?   ● Ja, _____ gefällt _____

o Steht Thomas die rote Hose?   ● Nein, _____

o Sag mal, leihst du Sabine deinen Schläger?   ● Nein, _____

o Hallo! Gehört dir die blaue Tasche?   ● _____

o Hör mal, gefällt das Buch deinen Eltern?   ● _____

Ü 21 **Ergänze die Sätze.**

1. Das neue Buch habe ich m_____ Opa schon geschickt.

2. Du willst bestimmt d_____ Mutter deine guten Noten zeigen.

3. Jedes Jahr schenkt sie _____ Vater Socken zum Geburtstag.

4. Er wollte sofort _____ Freunden das neue Motorrad zeigen.

5. Wir bringen _____ Eltern oft etwas mit.

Ü22 **Ergänze die Sätze.**

1. Hast du deinem Bruder die Kassette schon gegeben? -

   Nein, aber ich gebe _____ _____ heute nachmittag.

2. Ich habe dir gestern meinen Kuli geliehen. Kannst du _____ _____ jetzt zurückgeben?

3. Was schenkt ihr Christine und Annette zum Geburtstag? -

   Gar nichts! Letztes Jahr haben wir _____ was Teures geschenkt, und sie haben

   kein Wort gesagt.

4. Habe ich dir schon mein neues Computerspiel gezeigt? -

   Nein, aber du kannst _____ _____ morgen zeigen.

5. Schreibst du Tante Brigitte heute noch? -

   Ich habe _____ doch gestern schon geschrieben.

6. Leihst du mir bitte dein Mofa? -

   Ja, ich leihe _____ _____ bis heute abend um 6.

Ü23 **Ergänze die Minidialoge.**

1. o Deutsch ist langweilig, aber Mathe ist noch _____

   ● Am _____ ist Geographie!

2. o Das Buch ist nicht so _____ _____ der Film!

   ● Meinst du? Ich finde, der Film ist viel _____

3. o Basketball ist spannend.

   ● Am _____ ist Volleyball!

   o Fußball ist doch genau _____ _____

4. ● Frau Steger sieht jetzt viel _____ aus.

   ● Frau Bebel ist noch _____ _____ sie.

5. o Ich bin fast so groß _____ Pit!

   ● Quatsch! Er ist viel _____ _____ du!

6. o Erdbeereis ist doch am _____, oder?

   ● Nee, mir schmeckt Haselnuß _____.

7. o Österreich ist _____

   ● _____

GELDWECHSEL — BANK — SPARKASSE — WECHSELSTUBE

Ich möchte	Geld	wechseln.
	Reiseschecks	einlösen.
	einen Euroscheck	

Ihren Paß bitte!

Unterschreiben Sie bitte!

Ich möchte Kleingeld bitte – für 10 Mark.

Gehen Sie bitte zur Kasse!

Geben Sie mir bitte keinen Hundertmarkschein!

Sorten/Devisenabrechnung

Datum: 13.7.84

Währung	Sorten/Dev.-Betr.	Kurs	Gebühren	Kurswert
£	50,–	3,70	5,–	185,–
EC	National Westminster Bank Code 6000390 Cord 2852269 901/321406 Acc. 32 4068320 5			

Gebühren: 5,–

DM-Betrag: 180,–

KREISSPARKASSE RHEIN-HUNSRÜCK

Konto-Nummer: 999/9914091

Name: Mr. P J Boahs   Anschrift: Hotel Thom

Paß-Nr.: 3536908 C   Unterschrift:

Ü1 Stell dir vor,

Was | würdest | du machen?
| könntest |
| müßtest |

- du bist Lehrer. *Ich könnte viele Hausaufgaben geben.*
- du bist dick wie ein Schwein. *Ich müßte weniger essen.*
- du und dein Freund gewinnen im Lotto. „Wir _____."
- heute ist Sonntag. „_____."
- du bist erwachsen. „_____."
- du hast Kopfschmerzen. „_____."
- deine Mutter ist krank. „_____."
- mit dir und | deinem Freund/
             | deiner Freundin
  ist es aus. „_____."

Ü2 Probleme!

Was wäre richtig?

Thomas hat seinen Paß verloren. - *Er würde zur Polizei gehen.*
Der Fernseher ist kaputt. - *Du könntest* _____
Man sieht einen Verkehrsunfall. - _____
Julia versteht ein Wort nicht. - _____
Die Bratpfanne brennt*! - _____
Du warst im Kino. Jetzt ist der letzte Bus weg. - _____

Ein Elefant tritt dir auf den Fuß! - _____
Dracula kommt zu Besuch. - _____

Mehr Beispiele bitte!   *brennen = *burn, be on fire*

Ü3 Was würdest du in Deutschland gern tun, wenn du eine Klassenfahrt dorthin machen
könntest?
Und wenn dein Brieffreund zu dir kommen wollte?

Ü 4　Nicht unbedingt!

o　Würdest du einen BMW kaufen?

● Ja, sicher, aber nur wenn ich viel Geld hätte.

o　Könntest du ein Lied auswendig* lernen?

● Vielleicht, aber nur wenn _____

o　Würdest du gern hier wohnen?

● Vielleicht, _____

o　Könnte man die Klassenlehrerin zu einer Party einladen?

● Nur _____

o　Wäre es möglich, die Schule zu verbessern?

● _____

Mehr Beispiele bitte!　　　　　　　　　　　　　　　　　　　　*by heart

Ü 5　Frag mal!

Dein Austauschpartner aus Österreich ist bei dir zu Besuch.
Stell ihm ein paar Fragen:

o　Würde man in Österreich für Kleider auch so viel ausgeben?

● Ja klar.

o　Könntest du auch _____ ?

● Sicher gibt's bei uns Platten aus Amerika.

o　Wäre _____ ?

● Bei uns ist alles möglich.

o　_____ ?

● Nein. Daheim würde ich immer Kaffee trinken.

o　_____ ?

● Warmes Wetter? Ja, sicher.

o　_____ ?

● Nein, ich möchte lieber in Österreich wohnen.

Ü 6　Ergänze:

rund wie ein _____　klug wie _____　schön wie _____

leicht _____　　　　dumm _____　　　schwer _____

... und dein Deutschlehrer? _____

7B

Wer ist Petra Schütz?

MÄDCHEN-REPORTAGE

Kfz-Mechanikerin Petra (15): Einen sogenannten „Männerberuf" hat sich die fünfzehnjährige Petra Schütz aus Augsburg ausgesucht.

Inzwischen mag sie ihren Beruf – sie möchte nicht tauschen

Ein Mädchen in einer Autowerkstatt? Petra Schütz lacht. „Im ersten Moment stutzen sicher manche Leute!" Die 15-jährige macht eine Lehre als Kraftfahrzeugmechaniker. Wie kommt man zu einem für Mädchen so ungewöhnlichen Beruf? Petra zuckt die Achseln. „Für mich stand einfach immer schon fest, daß ich beruflich irgend etwas mit Metall machen möchte."

Dann bot sich ihr die Chance, für zehn Tage in die große Werkstatt zu kommen, in der sie heute arbeitet.

Ihr hat's gefallen, und auch der Betrieb war zufrieden:

Der Werkstattleiter hatte anfangs einige Bedenken. Ein Mädchen unter 20 Männern! „Aber jetzt", sagt er, „merk' ich gar nicht, daß ein Mädchen dabei ist."

Auch die Kollegen arbeiten gern mit ihr: „Sie ist besser als mancher Junge", stellt einer von ihnen fest.

Aber sie ist ehrgeizig und versucht immer, allein zurechtzukommen. Außerdem ist sie inzwischen schon fast daran gewöhnt, das einzige Mädchen unter lauter Jungen zu sein. Vor einem Jahr hat sie angefangen, mit Freunden zusammen in einem Hobby-Klub Fußball zu spielen. Wieder als einziges Mädchen. Da kann man sie dann manchmal sonntags im Tor stehen sehen. Danach macht sie sich zurecht, um mit ihrer Clique in die Disco zu gehen.

Außerdem ist Petra zweifache Stadtmeisterin im Kugelstoßen. Eine ausgefüllte Freizeit also. Trotzdem bleibt noch Zeit für einen Freund.

Petra selbst hat ein Mofa, mit dem fährt sie jeden Morgen aus Augsburg, wo sie bei ihren Eltern wohnt, ins wenige Kilometer entfernte Städtchen Friedberg zur Arbeit.

Nächstes Jahr soll eine 80er, ein Leichtmotorrad, her. Eines Tages möchte sie dann im Sommer Motorrad fahren und sich für den Winter ein gebrauchtes Auto herrichten. Aber das ist noch Zukunftsmusik.

Vokabeln: stutzen = *hesitate*; Lehre = *apprenticeship*; Kraftfahrzeugmechaniker(in) = *motor mechanic*; die Achseln zucken = *shrug one's shoulders*; der Betrieb = *company*; der Werkstattleiter = *foreman*; Bedenken haben = *have doubts*; ehrgeizig = *ambitious*; zurechtkommen = *cope*; Kugelstoßen = *shot-putting*; Zukunftsmusik = *pie in the sky*

Ü 7 **Lies den Text mehrere Male –**

vielleicht mit einem Partner oder in der Gruppe.

Ü 8 **Mache Notizen:**

Alter – Wohnung – Beruf – Arbeitsplatz – Weg zur Arbeit – Freizeitaktivitäten

Ü 9 **Berichte mündlich oder schriftlich von Petra.**

Ü 10 **Schreibe einige Wörter und Wendungen aus dem Text heraus.**

a) zum Thema Beruf oder b) zum Thema Freizeit

Kfz - Mechanikerin	in die Disco gehen

Ü 11 **Ergänze die Sätze.**

Was sagt Petra von ihrem Beruf?

„Ich habe schon immer gewußt, daß _____

_____ ."

Und was meint der Werkstattleiter zu einem Mädchen in der Werkstatt?

„Ich merke gar nicht, daß _____ ."

Die Kollegen haben auch etwas zu sagen. Einer von ihnen meint:

„Petra ist _____ ."

Ü 12 **Fülle die Lücken aus.**

Petra Schütz ist _____ _____ alt. Sie _____ in Augsburg. Von dort
ist es _____ _____ nach Friedberg. Dort arbeitet sie in einer _____
_____ , weil sie _____ werden möchte. Im Moment macht sie
ihre _____ . Sie ist das einzige _____ unter 20 Jungen. Jeden Morgen
fährt sie mit _____ _____ zur Arbeit. Und sonntags _____ sie gern
_____ . Danach _____ sie ____ _____ Clique in die _____ .

Ü 13 **Mache ein Interview (Nachbar, Freund, Bekannter etc.) – natürlich auf englisch!**

*Frage nach Wohnort – Weg zur Arbeit – Arbeitsplatz –
Zahl der Kollegen – wie es ihm/ihr dort gefällt – Freizeit.*

Schreibe dann einen Bericht auf deutsch.

Zwei Unfallberichte

Radler im Schneetreiben

SAALFELDEN. Im dichten Schneetreiben stieß Dienstag nachmittag ein 16jähriger Bäckerlehrling mit seinem Fahrrad frontal gegen einen stehenden Pkw. Er wurde schwer verletzt.

Motorradfahrer schwer verletzt

DEISENHOFEN – Schwer verletzt wurde ein 23jähriger Motorradfahrer bei einem Verkehrsunfall in Deisenhofen (Landkreis München). Der Motorradfahrer, ein Soldat, wollte mit seiner Maschine an einem Auto vorbeifahren, das am Straßenrand hielt. Im gleichen Moment fuhr dieses Auto an. Das Motorrad streifte den Wagen und kam zu Fall. Dabei erlitt der 23jährige, der keinen Sturzhelm trug, schwere Verletzungen. Die Fahrerin des Autos, eine 45jährige Ärztin, blieb unverletzt.

Ü 14 Was ist hier passiert?

Bitte die wichtigsten Punkte eintragen:

	Unfall 1	Unfall 2
Wo?		
Wann?		—
Welche Fahrzeuge? (vehicles)	→	→
Wie viele Personen? Alter?		
Wer ist verletzt?		
Warum ist das passiert?		

Ü 15 Berichte auf englisch oder auf deutsch von den Unfällen.

Anzeigen der Deutschen Verkehrswacht

Ü 16 What does the German Road Safety Organization want to get across to drivers?

Ü 17

Lies das Gedicht.

> Wenn ich Bundeskanzler wäre ...
>
> Ich würde Autos und Straßen abschaffen,
> genauso auch Panzer und andere Waffen.
> Ich würde Wälder und Wiesen anlegen
> und die Leute zum Gärtnerspielen anregen.
> Ich würde mal wieder Fahrrad fahren
> und nicht immer an Bewegung sparen.
> Ich würde etwas mehr an die Umwelt denken
> und armen Leuten die Steuern schenken.
> Dann würde ich noch mit anderen Ländern Frieden
> schließen,
> anstatt den Menschen in solchen Ländern
> das Leben zu vermiesen.
> Ich würde einen riesigen Park anlegen
> und mich nicht über die Kinder aufregen.
> Ich würde außerdem den Atomkraftwerken die
> Flügel stutzen
> und lieber andere Energien nutzen.
>
> Johannes Frick (14 Jahre)

abolish, get rid of

plant
encourage

movement
environment
taxes
peace

spoil

get annoyed

clip their wings

Ü 18 Was würdest du ändern wollen?

Discuss in English what changes you would like to make.

7 C

Ü 19 Verbinde die Sätze mit "wenn".

Beispiel: Hätte ich mehr Geld ...   Ich würde einen Computer kaufen.

Wenn ich mehr Geld hätte,   würde ich einen Computer kaufen.

1. Wäre sie nicht so langweilig ...
2. Wären meine Eltern nicht so streng ...
3. Hätten wir einen Videorecorder ...
4. Wäre Frank bei uns in der Klasse ...
5. Wäre Thomas musikalisch ...
6. Hätten wir ein kleineres Auto ...

a) Wir könnten mehr Filme sehen.
b) Er müßte nicht so schwer arbeiten.
c) Ich würde öfter ausgehen.
d) Sie hätte mehr Freunde.
e) Wir würden weniger Benzin verbrauchen.
f) Er könnte in der Band mitspielen.

Mehr Beispiele bitte!

Ü 20 Was würdest du machen, wenn ...?

1. Ich habe im Moment kein Geld. Aber wenn ich viel Geld hätte, würde ich ...
2. Ich bin noch nicht 16. Aber wenn ich ...
3. Meine Eltern können kein Deutsch. Aber wenn ...
4. Hans ist nur 1,55 m groß. Aber wenn ...
5. Annette hat keine Geschwister. Aber ...
6. Peter kann nicht Auto fahren. Aber ...

Ü 21

Das wäre schön!!!

(Wünsche für die Ferien)

Moped — neu — haben

Bauernhof — arbeiten

Ferienjob — gut — bekommen

Campingreise — schön — machen

Boot — klein — mieten

Segelkurs — teilnehmen an

Bitte Sätze schreiben

1. Auf einem Bauernhof müßte man arbeiten.
2. Wir _____ kleines _____
3. Man _____ schöne _____
4. An einem _____
5. Einen guten _____ wir _____
6. Man _____ neues _____

Ü 22 Könntest du das auch oder nicht?

Wieder Sätze schreiben:

Das ist mein Freund Georg.

Er ißt oft 5 Stück Kuchen.　　　Soviel könnte ich nicht essen.

Sonntags schläft er 12 Stunden.　So lange _____

Mit dem Moped fährt er 80 km/h.　So schnell _____

Im Sportunterricht springt er
7 m weit.　　　　　　　　　So weit _____

Was könntest du?

So ein Angeber*!!

*show-off

Motorräder – Mopeds – Fahrräder

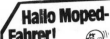

Notiere Informationen zu Marken – Modellen – Technik – Preisen

Ü1 Vorwürfe – Entschuldigungen

o Na endlich! Wo warst du denn so lange?

● *Bei Monika,* _____

_____

(Buch leihen)

o Und jetzt ist es schon neun!

● *Tut mir leid, ich konnte nicht früher hier sein,* _____

_____

(U-Bahn fährt nicht)

o Warum hast du denn nicht angerufen?

● _____

_____

(kein Telefon in der Nähe)

o Außerdem gibt es Taxis!

● *Für mich nicht,* _____

_____

(muß sparen)

o Sparen? Wozu denn?

● _____

(Mofa kaufen)

Ü2 Schreibe noch einen Dialog mit anderen Entschuldigungen.

Ü3 Vorschläge für nächsten Sonntag

Ergänze den Dialog.

+ Ja, das geht ...   – Nein, das geht nicht ...
  Klar, ...   Unmöglich, ...
  Gute Idee! ...   Das ist schwierig, ...
  Das ist ganz einfach ...   Nicht ganz leicht. ...
  Prima, ...

o Du, ich möchte mit dem Moped wegfahren.
  ... mitkommen? ——————————— ● + ..., weil ... Taschengeld ...
       Vielleicht ... baden?

o – ..., Wasser viel zu kalt ...
  Aber ... Freunde besuchen ——————— ● + ..., Party für uns ...
       ... meine Trompete mitnehmen

o – ..., Platz für Schlafsack ...
  Proviant* ——————————————— ● + ..., ...
       ... großen Gepäckträger
       ... Jürgen anrufen?

o – ... kein Telefon ——————————— ● + ..., schnell hinfahren

o – ...

*food for the journey

Ü4 **Kannst du diese Sätze ergänzen?** *(deshalb - weil - denn)*

Fußball ist mein Lieblingssport, _____

Deutsch macht Spaß, _____

Zitroneneis mag ich besonders gern, _____

_____ , habe ich ein Taxi genommen.

_____ , ruft sie das Fundbüro an.

Heute gehe ich nicht zum Jugendzentrum, _____

Gestern haben wir dort mit der Band geübt, _____

_____

Ü5 **Nenne drei Gründe, warum du gern/nicht gern Deutsch lernst.**

1. _Weil_ _____ .

2. _____ .

3. _____ .

Ü6 **Mutti, warum ...?**

o Mutti, warum haben wir ein so großes Auto?

● Damit wir schneller fahren können.

o Mutti, warum müssen wir schneller fahren?

● Damit _____ (rechtzeitig ankommen)

o Mutti, warum wollen _____ ?

● Damit du _____ (viel Zeit dort haben)

o Mutti, warum _____ ?

● Damit ich _____ (mit dir viel unternehmen kann)

o Mutti, _____ ?

● Damit ich _____ (sich gut ausruhen)

o Mutti, _____ ?

● Damit _____ (im September wieder tüchtig arbeiten)

o Mutti, _____ ?

● Damit _____ (viel Geld verdienen)

o Mutti, _____ ?

● Weil unser großes Auto so teuer ist!

Ü 7   Erzähle die Geschichte von der Froschprinzessin noch einmal.

Es _____ einmal eine Prinzessin. Sie _____ viel Zeit und _____ _____

oft. Deshalb _____ ihr ihr Vater einen Ball aus Gold. Sie _____ _____

sehr über den Ball und _____ jeden Tag damit.

Eines Tages _____ der Ball in den Brunnen. Die Prinzessin war sehr traurig und

_____. Auf einmal _____ ein Frosch auf und _____ zu ihr: „Wenn du mir

einen Kuß gibst, hole ich dir den Ball zurück." Da _____ die Prinzessin den

Frosch und _____ _____ sofort in eine Froschfrau. Sie _____ _____ in

den Froschkönig. Die beiden _____ nach ein paar Tagen und _____ im

Brunnen.

Bald _____ sie viele kleine Froschkönigskinder. Die _____ oft mit dem gol-

denen Ball. Und wenn sie nicht gestorben sind, dann spielen sie heute noch.

> sagen – heiraten – rollen – kriegen – schenken – tauchen – sein – wohnen – sich
> verwandeln – haben – sich langweilen – spielen – weinen – sich freuen – küssen

Tanja hatte ihre Jacke mitgenommen, aber Klaus nicht. Sie kamen erst sehr spät nach Hause!

Ü 8

*Was hat Klaus seinen
Eltern erzählt?*

Ich bin mit
Tanja ...

*Und was haben seine
Eltern dazu gesagt?*

Disco Express läßt alle Eltern ruhig schlafen

Tolle Idee

Beispielhafte Aktion gegen Unfall und Verbrechen: Extra-Busse für junge Leute nach dem Disco-Spaß

Von PETER HOPFINGER
und MICHAEL MEYERS

Mitternacht ist vorüber, die jungen Leute sind im „Saturday-Night-Fever": Ausgelassen tobt Martina über die grell beleuchtete Tanzfläche der Diskothek. Martina ist 17 – aber ihre Eltern sorgen sich nicht um ihr Kind.

Michael, gerade 18 und stolzer Motorradbesitzer, hockt vor seinem Bier an der Disco-Theke. Auch seine Eltern sorgen sich nicht. Was sind das nur für Eltern!
Es scheint überhaupt so, daß sich alle Eltern, deren Kinder ihrem Wochenendvergnügen in der ländlichen Discothek „Castello" am Rande der österreichischen Hauptstadt Wien nachgehen, keine Sorgen zu machen brauchen. Denn hier gibt es ja den „Discotheken-Express": Ein spezieller von der Bundespost eingerichteter Busdienst mit einem Aktionsradius von 50 Kilometern rund um Wien. Ein Sonderservice für die Jugend. Der Bus holt sie ab und bringt sie sicher nach Hause. Kostenpunkt: zwischen 2 und 4,50 Mark (umgerechnet) für Hin- und Heimfahrt.

Unangenehme Erlebnisse ...

Anlaß war die alarmierende Statistik um die jugendlichen Nachtschwärmer: Der Höchststand der Verkehrsunfallbilanz liegt zwischen Mitternacht und vier Uhr früh, wobei 40 Prozent aller Unfallopfer zwischen 15 und 24 Jahre jung sind (ähnlich wie in Deutschland!) Dazu kommen viele Verbrechen, sinnlose Zerstörungen – ja, sogar Morde (wie bei uns!).
Sollte man da nicht Discotheken einfach verbieten, wie es in einer Gemeinde in Bayern geschehen ist? Das fragten sich besorgte Eltern rund um Wien.
Aber dann einigte man sich: Man soll den Kindern nicht ihren Spaß verbieten. Aber man muß unbedingt für ihre Sicherheit sorgen. So kam es zum Disco-Express, der jetzt auch in anderen Städten Österreichs anrollen soll.

Die junge Wienerin Martina B.: „Ich hatte schon mal ein paar unangenehme Erlebnisse, wenn ich mich in der Nacht von Burschen* nach Hause bringen ließ. Das ist jetzt gottlob vorbei." Und Lehrling Michael G. ist ebenfalls „angetörnt" vom Disco-Express: „Das ist echt super."
Schülerin Silvia (16): „Ich kann jetzt länger wegbleiben, Vater und Mutter erlauben's. Weil ich nämlich pünktlich um Mitternacht abgeholt und nach Hause gebracht werde."

Organisierter Abholdienst

Eine Idee, die inzwischen auch schon in Deutschland aufgegriffen wurde: In Ahrensburg (bei Hamburg) haben Eltern einen privaten Abholdienst für ihre Kinder organisiert. Umsichtig chauffieren Mütter und Väter ihre Töchter und Söhne und deren Freunde nachts von den Discotheken nach Hause. Familienvater Wolf Krause: „Anruf genügt – dann fahren wir los und sammeln sie ein."

*Burschen = Jungen

Sieh im Wörterbuch nach!

- unangenehme Erlebnisse
- keine Sorgen
- sinnlose Zerstörungen
- Verbrechen
- Verkehrsunfall

Überall herrscht Andrang junger Leute, wenn der Sonderbus am Halteschild „Disco-Expreß" wartet

Ü 9 **Der Disco-Express – was ist das?**

Michael ist schon _____ Jahre alt, aber Martina ist erst _____. Um Mitter-

nacht sind sie immer noch in der _____. Ihre _____ sorgen

sich nicht um sie, denn hier gibt's den Disco-Express. Die Diskothek liegt in der

Nähe von _____. Das ist die _____ von Österreich. Der

Bus bringt die jungen Leute _____. Das kostet nur _____.

Ü 10 **Warum hat man diesen Service eingeführt?**

Bitte ankreuzen.

Probleme
nach Disco-Schluß:

| Wann? | Vor Mitternacht | Nachts zwischen null und vier Uhr |

| Auto/Motorradunfälle? (trinken und fahren) | 40% | 50% | 15% |

| Junge Leute | bis 18 | 15 Jahre | über 15 Jahre |

| Verbrechen? | Nicht viele | Viele |

| Vandalismus? | Ja | Nein |

| Mord!? | Nein, das nicht! | Ja, auch das! |

| Und in der Bundesrepublik? | Auch so | Nicht so |

Ü 11 **Lösungen**

Was haben die Eltern gemacht?

richtig   falsch

Man hat alle Discos verboten.

Sie haben ihren Kindern nicht erlaubt,
in eine Disco zu gehen.

Sie haben für die Sicherheit ihrer Kinder gesorgt.

Man hat Extra-Busse organisiert.

Ü12 **Und in der Bundesrepublik?**

Was haben die Eltern von Ahrensburg gemacht? _____

_____

Wo liegt Ahrensburg? _____

Fahren die Kinder mit dem Bus? _____

Wer bringt die Kinder nach Haus? _____

Was heißt denn „Anruf genügt"? – Wer ruft wen an? _____

_____

Ü13 **Was sagen die jungen Leute jetzt zu der Situation?**

Martina	Sylvia	Michael

Ü14 **Was würdest du organisieren?**

Einen Minibusdienst zum Fußballspiel? – Einen Fotokopierdienst für Hausaufgaben?

JDEEN:

Hand aufs Herz!

5 Fragen der Klasse 8A an ihre Eltern:

Wieviel Freizeit hattet ihr und wie habt ihr sie verbracht?

Jörgs Mutter	Evas Mutter	Klaus' Mutter	Elkes Eltern
Etwa 15 Stunden in der Woche. Radfahren, Schwimmen, mit Freundinnen ins Kino gehen.	Am Tag etwa 3 Stunden. Mit meiner Freundin.	Wenig Freizeit. Ich mußte sogar samstags zu Hause helfen. Sonst: Kino, Lesen, Handarbeit.	Keine Freizeit. Wir mußten als junge Menschen arbeiten.

Ab wann durftet ihr einen Freund/Freundin haben, und wann mußtet ihr abends zu Hause sein?

Ungefähr mit 15 Jahren. Bis es dunkel wurde.	Den ersten Freund hatte ich mit 16 Jahren. Um 10 Uhr abends mußte ich zu Hause sein.	Ab 16 Jahre. Spätestens um 22 Uhr zu Hause sein.	Keine Freundschaft. Abends nicht weggehen.

Ab wann durftet ihr rauchen?

Ich durfte nicht rauchen.	Ich bin Nichtraucher.	Nie.	Überhaupt nicht.

Was ärgert euch am meisten an mir, und was mögt ihr besonders an mir?

Dein Zimmer ist oft nicht aufgeräumt. Aber du bist nie schlecht gelaunt und immer hilfsbereit.	Ärgerlich ist deine Faulheit. Liebenswert ist, daß du freundlich und ehrlich bist.	Launen. Hilfsbereitschaft.	Immer das letzte Wort haben. Pünktlichkeit und Verläßlichkeit.

Was würdet ihr am liebsten in eurem Leben ändern?

Wir sind mit unserem Leben, so wie es ist, zufrieden.	Nichts. Wir sind froh, daß wir gesund sind und Arbeit haben.	Wir sind zufrieden. Vielleicht wäre es besser, etwas mehr Geld zu haben.	Den Beruf wechseln.

	richtig	falsch

Ü 15 **Als die Eltern noch jung waren ...**

- hatten sie alle viel Freizeit.

- mußten sie alle vor Mitternacht
  zu Hause sein.

- durften sie nicht rauchen.

- hatten sie alle einen Freund/
  eine Freundin.

- mußte man viel arbeiten.

Ü 16 **Und was sagen die Eltern über ihre Kinder?**

Wer ist faul? _____

Wer ist unordentlich? _____

Wer ist manchmal schlecht gelaunt? _____

Wer will immer recht haben? _____

Ü 17 **Was gehört zusammen?**

Evas Eltern   möchte mehr verdienen.

Klaus und Jörg   möchte in ihrem Leben nichts ändern.

Jörgs Mutter   sind mit ihrem Leben zufrieden.

Elkes Eltern   helfen gerne anderen.

Klaus' Mutter   möchten eine andere Arbeit haben.

Ich habe schon oft versucht, meine Probleme mit meinen Eltern zu besprechen. Aber sie sind immer sehr beschäftigt und haben nur dann Zeit, wenn ich in der Schule Mühe habe. Dann überhäufen sie mich mit Vorwürfen. Sie sagen: „Hauptsache, du bist in der Schule gut; alles andere ist unwichtig."
Marie-Christine (15)

Ü 18 **Ergänze.**

Marie-Christines Eltern haben für ihre

Tochter _____ Zeit.

Nur die Schule ist _____.

Marie-Chrstine möchte aber gerne mit

ihren Eltern über ihre Probleme _____.

Lange Zeit glaubte ich, ein Kontakt mit Jungen oder Mädchen unserer Klasse sei unmöglich, weil sie für mich so fremde Interessen hatten wie Sport usw. Aber dann mußte ich erfahren, wie vieles besser wurde, als ich mich selber für ihre Hobbys interessierte und sogar einmal zu einem Fußballmatch ging.
Thomas (16)

In unserer Klasse gibt es einen Jungen, der mich nicht leiden konnte. Ich habe ihm dann gezeigt, daß ich ihn trotzdem mag. Er war sehr erstaunt darüber. Jetzt kommen wir gut aus. Gaby (16)

Ü 19 **Thomas und Gaby**

*Thomas und Gaby
hatten beide Probleme mit den
Klassenkameraden.
Wie haben sie die
Probleme gelöst?*

Ein Tag

Der Wecker läutet.
Sie steht auf.
Es ist Morgen.
– Ich muß zur Schule – denkt
sie.
Sie geht zur Schule.
Zuerst Algebra.
Meinetwegen.
Dann Französisch.
Ist ja egal!
Als nächstes Englisch – wie
immer,
und dann Deutsch – na, und?

Als nächstes Geometrie –
schon wieder?
Und zuletzt Musik.
Alles leer.
Sie geht nach Hause.
Sie ißt.
Dann macht sie
Schulaufgaben.
Es ist Abend.
– Ich muß zu Bett – denkt sie.
Sie geht zu Bett.
Sie schläft.
Nein!
Sie weint.

Rosmarie (16)

Mein Tag

(Antwort für Rosmarie)

Der Wecker läutet.
Sie steht auf.
Es ist Morgen.
– Ich muß in die Küche – denkt
sie.
Sie geht in die Küche.
Bereitet das Frühstück für all
ihre Lieben.
Dann: Abwaschen, betten,
abstauben wie immer.
Dann Bügeln.
Na, und?
Sie geht in die Küche,
bereitet das Mittagessen.
Sie ißt.
Hört sich die Probleme der
Kinder an.
Als nächstes abwaschen,
flicken.

Schon wieder?
Zuletzt Musik.
Mit den Kindern zusamme...
Es ist später Abend.
Die Kinder gehen zur Ruhe.
Und sie?
Den Tisch decken für morg...

Schuhe putzen.
Alles richten für den nächst...
Tag.
– Ich muß nun zu Bett – de...
sie.
Sie geht zu Bett.
Sie ist müde.
Sie schläft.
Sie schläft ein mit der
Hoffnung,
morgen wieder für alle da zu
sein.
Wie immer.   Frau F. R. (46...)

Ü 20 **Wer hat es besser?**

Rosmarie findet ihren Alltag in der Schule | spannend.
| nicht schlecht.
| langweilig.

Wie fühlt man sich am Ende eines Tages?

Frau F.R. muß aber auch hart arbeiten. Der Tag gestern war typisch,
– was hat sie alles gemacht?

Um halb sieben hat der Wecker geläutet. Um ...

Ü 21 **Schreibe ein Gedicht.**

Ü 22 **Wozu in die Tanzstunde gehen? (Verwende "um ... zu")**

Beispiel: Anke geht in die Tanzstunde.   Sie will tanzen lernen.

Anke geht in die Tanzstunde, um tanzen zu lernen.

1. Meine Eltern machen Trimm-Dich.   Sie wollen fit bleiben.

2. Wir hören Nachrichten im Radio.   Wir möchten besser informiert sein.

3. Alexanders Vater trinkt kein Bier mehr.   Er will 4 Kilo abnehmen.

4. Christine schreibt von ihrer Nachbarin ab.   Sie möchte eine bessere Note bekommen.

5. Meine Schwester kauft keine Platten mehr.   Sie will sparen.

6. Miss Piggy trägt viel Make-up.   Sie möchte Kermit besser gefallen.

7. Ich trage jetzt Contactlinsen.   Ich möchte besser sehen können.

Ü 23 **Ergänze die Sätze.**

Beispiel:

Ich gehe schon um acht ins Bett, damit ich früh aufstehen kann.

1. Samstags habe ich einen Job, damit ich _____

2. Tina spart ihr Geld, damit ihre Freundin und sie _____

3. Unsere Schule kauft einen neuen Minibus, damit wir _____

4. Meine Eltern helfen mir bei den Hausaufgaben, damit ich _____

5. Stefans Vater liest gern Kochbücher, damit _____

6. Eine Giraffe hat einen langen Hals, damit _____

7. _____

8C

Ü24 **Verbinde die Sätze mit "so daß".**

Beispiel: Der Benzintank war leer.   Uwes Motorrad blieb stehen.

Der Benzintank war leer, so daß Uwes Motorrad stehen blieb.

1. Es regnete die ganze Nacht.   Wir konnten am Sonntag nicht spielen.

2. Der Bus war schon weg.   Toni mußte zu Fuß gehen.

3. Der Fernseher war kaputt.   Wir konnten Peter Alexander nicht sehen.

4. Thomas mußte gestern abend ausgehen.   Er konnte seine Hausaufgaben nicht machen.

Ü25 **Ergänze die Sätze:**

Beispiel: In dieser Saison spielt der HSV gut.

In der letzten Saison spielte er sehr schlecht.

1. Meine Freundinnen Anna und Sarah wohnen jetzt in Oxford.   Früher _____ (Manchester)

2. Dieses Jahr heiratet meine Schwester.   Letztes Jahr _____ (mein Bruder)

3. Bei Frau Hauff langweilen wir uns nie.   Bei Herrn Siegmund _____

4. Mein Vater küßt meinen kleinen Bruder nicht mehr.   Als er ganz klein war, _____ (jeden Abend)

5. Unsere Nachbarin schenkt meiner Mutter nichts zu Weihnachten.   Früher _____ (schöne Sachen)

6. Jetzt, wo ich 15 bin, weine ich selten.   Als ich jünger war, _____ (oft)

Ü26 **Wie war es damals? – Und wie ist es jetzt?**

	1884	heute
in die Schule gehen	mit 7 Jahren	mit 6 Jahren
die Schule verlassen	mit 13 Jahren	mit 16 Jahren
auf die Universität gehen	viele Jungen, wenige Mädchen	viele Jungen und Mädchen
lesen und schreiben	85% der Bevölkerung	96% der Bevölkerung
für das Parlament kandidieren	nur Männer	Männer und Frauen
Wie viele Wochenstunden arbeiten?	mehr als 60	40

Heute müssen Kinder schon mit 6 Jahren in die Schule gehen.
1884 mußten sie erst mit 7 Jahren in die Schule gehen.

müssen – mußten	können – konnten	dürfen – durften

Ü27 Das Mofa reparieren und nicht ...

Schreibe Sätze und verwende "deshalb" oder "deswegen".

1. Ich muß mein Mofa reparieren.	Ich kann heute nicht kommen.
2. Wir haben Hunger.	Wir machen jetzt Pause.
3. Die Sporthalle hat gebrannt.	Das Training kann nicht stattfinden.
4. Heute regnet es.	Sabine will nicht schwimmen gehen.
5. Die Läden sind bei uns sonntags geschlossen.	Man kann nicht einkaufen.
6. Jochen ist noch nicht 18.	Er darf noch nicht Auto fahren.

Ü28 Ein Freund aus einem deutschsprachigen Land stellt folgende Fragen. Was antwortest du?

o Warum gehst du nachmittags nicht in den Jugendclub?	• Veil ______
o Warum lernen die meisten Schüler nur eine Fremdsprache?	• ______
o Warum ist deine Schule so groß?	• ______
o Warum tragt ihr eine Schuluniform?	• ______
o Warum lernst du heute so viel Deutsch?	• ______

Wähle eine mögliche Antwort: es ist eine Gesamtschule - Englisch ist eine Weltsprache - unser Schultag ist sehr lang - unser Deutschlehrer hat gesagt, wir schreiben morgen einen Test - sie ist praktisch und die Schule will es so - ...

LK 8

Jugendorganisationen in der Schweiz

PRO JUVENTUTE

Pro Juventute
Zentralsekretariat
Seefeldstraße 8
CH-8008 Zürich
Tel. 2 51 72 44

Pfadfinderbund Schweiz
Bundessekretariat
Speichergasse 31
CH-3001 Bern
Tel. 22 05 45

Schweizerische Arbeitsgemeinschaft der Jugendverbände (SAJV)
Choisystraße 1
CH-3001 Bern
Tel. 25 00 55

Jugendorganisationen in Österreich

Naturfreundejugend Österreich (NFJ)

Mitgliederzahl, Alter: 40 000 Mitglieder zwischen 6 und 19 Jahren.
15 000 Mitglieder zwischen 19 und 25 Jahren

Aktionen: Kinder- und Jugendferienaktionen, sportliche, kulturelle und politische Großveranstaltungen.

Naturfreundejugend Österreich
A-1070 Wien, Breitegasse 13,
Telefon (02 22) 93 31 97

Österreichische Alpenvereinsjugend (ÖAVJ)

Mitgliederzahl, Alter: 65 000 Mitglieder zwischen 10 und 25 Jahren.

Österreichische Alpenvereinsjugend
A-6020 Innsbruck, Wilhelm-Greil-Straße 15,
Telefon (0 52 22) 2 31 71

Pfadfinder und Pfadfinderinnen Österreic (PPÖ)

Mitgliederzahl, Alter: 35 000 Mitglieder, 4 Altersstufen für Buben und Mädchen:
Wölflinge/Wichtel zwischen 7 und 10 Jahren;
Späher/Guides zwischen 10 unf 14 Jahren;
Explorer/Caravelles zwischen 14 und 17 Jahren;
Rover/Ranger ab 17 Jahre;
Jugendführer;

Sondereinheiten: Wasser- und Flugpfadfinder, Katastrophenzug, Gruppen für Körperbehinderte (PTA).

Pfadfinder und Pfadfinderinnen Österreichs
A-1010 Wien, Mahlerstraße 7,
Telefon (02 22) 52 24 86

Katholische Jungschar Österreichs (KJS)

Mitgliederzahl, Alter: 130 500 Mitglieder zwischen 8 und 15 Jahren.

Aktionen: Dreikönigsaktion, Fastenaktion, Ostergrußaktion – jährlich. Alle vier Jahre findet eine Großveranstaltung für Mädchen beziehungsweise für Buben statt.

Publikationen: Mitgliederzeitschrift „Pfeil" – elfmal jährlich.

Katholische Jungschar Österreichs
A-1010 Wien, Johannesgasse 16,
Telefon (02 22) 52 16 21

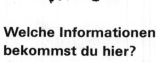

Welche Informationen bekommst du hier?

Wenn du Interesse hast, schreibe einen Brief und bitte um eine Informationsbroschüre.

... und in der Bundesrepublik Deutschland

Solidaritätsjugend Deutschlands im RKB

Arbeitsgemeinschaft der Evangelischen Jugend

Bund der Deutschen Katholischen Jugend – BDKJ

Sozialistische Jugend Deutschlands – Die Falken

Naturfreundejugend Deutschlands

Jugend des Deutschen Alpenvereins

Jugend der Deutschen Angestellten-Gewerkschaft

Gewerkschaftsjugend DGB

Deutsche Beamtenbund-Jugend

Deutsche Jugendfeuerwehr

Bund Demokratischer Jugend

Bund der Deutschen Landjugend

Deutsche Wanderjugend

Deutsche Jugend in Europa – DJO

Deutsche Schreberjugend

Jugend der Deutschen Lebens-Rettungs-Gesellschaft

Jugendwerk der Arbeiterwohlfahrt

Ring Deutscher Pfadfinderverbände

Ring Deutscher Pfadfinderinnenverbände

Deutsches Jugendrotkreuz

Jugendverbände
in der Bundesrepublik Deutschland
Deutscher Bundesjugendring

© Erich Schmidt Verlag GmbH

ZAHLENBILDER
518 513

Deutscher Bundesjugendring
Haager Weg 44
D-5300 Bonn 1

Jugend in der DDR

Freie Deutsche Jugend

Wie will ich werden?

*Thälmannpionier
Brit Eichelbaum:*
Ich möchte einmal ein so guter Arbeiter werden wie mein Vati und Aktivist wie meine Mutti. Ein weiterer Wunsch von mir ist es, in die SED einzutreten und ein guter Genosse zu werden. In der Partei, so glaube ich, kann man viel lernen und auch dazu beitragen, unser Leben immer besser zu machen.

SED = Sozialistische
Einheitspartei Deutschlands

*Thälmannpionier
Falko Bunk:*
Besonders interessiert mich die Politik. Ich diskutiere gern mit anderen über politische Probleme. Manchmal bin ich sehr schüchtern, aber meine Meinung sage ich jedem.

Unterricht macht mir Spaß. Es gefällt mir zu lernen. Meine Lehrer gefallen mir. Und wenn ich morgens losgehe zur Schule, freue ich mich schon auf die anderen. Das sagt Karin aus der Bürgel-Oberschule in Eberswalde – und denkt wie ihre Mitschüler.

*Thälmannpionier
Bärbel Frohberger:*
Mein Klassenleiter ist schon seit 30 Jahren Mitglied der Partei. Er ist ein guter Genosse. Er leitet unsere Klasse gut und setzt sich für jeden von uns ein. Er ist an der gesamten Schule sehr geachtet.

SEID BEREIT

Junge Pioniere

*Wenn du Interesse hast, schreibe einen Brief und bitte um Information.
(Zentralrat der FDJ, Berlin)*

Interview mit einer alten Dame

Der Reporter einer österreichischen Zeitung stellte ihr verschiedene Fragen zu ihrem Leben:

INTERVIEWNOTIZEN:

Name: (Eva Katz)
Geburtsort: (Krosno, Polen)
Alter: (74 Jahre)
Wohnort: (Barnet, Nordlondon)
Beruf der Eltern: (Vater Antiquitäten-
                     händler,
                     Mutter Hausfrau)
Geschwister: (2 Brüder,
                     1 Schwester)
Wohnort als Kind: (ab 1914 - Wien)

Schule (ab 1916 in Wien)
Hochzeit (1931)
Beruf des Ehemannes (Exportkaufmann)
Weitere Wohnorte:
(1938/9   Südfrankreich
 1939   London)
Kinder: (2 Töchter)
Geburtsjahre der Kinder: (1935, 1943)
Wohnort in London: (seit 1945
                     in Barnett)
Hobbys: (früher - schwimmen,
          jetzt - Freunde einladen, plaudern)

Ü1   **Schreibe auf, was der Reporter wissen wollte.** *(Wähle etwa 6 Beispiele!)*

Er wollte wissen, wie ihr Name war. Er wollte herausfinden, wo sie, ...

| wie ... | wo ... | wie viele ... | wann ... | was ... |

Ü2   **Und hier berichtet der Journalist. Ergänze seinen Bericht.**

Das ist Frau Eva Katz. Sie ist _____ _____ alt und wohnt _____ _____.
Früher _____ _____ in Krosno und in Wien. Ihr Vater war _____

Ü 3 **Früher war alles anders.**

Schreibe Sätze mit Hilfe der Bilder und der Verben.

Es _____ , sondern man _____

_____

Statt Glühbirnen _____

Außerdem _____

In der Freizeit _____ nicht _____

man _____ , oder man _____

_____ und _____

Telefonieren _____ , deshalb

_____

W_____ das Leben damals leichter?

Was meinst du?

geben – fahren – brennen (brannte) – leben – fernsehen – miteinander sprechen –
viel spazierengehen – mehr Bücher lesen – können – Briefe schreiben müssen

Ü 4 **Fragen stellen**

Was kostet eine Sammelkarte?   _____

Ist der Zug schon abgefahren?   _____

Wann fährt der nächste?   _____

Erlebnisse im Dritten Reich

1 Am 1. Oktober war mein Vater verhaftet worden. Zwei SS-Männer hatten im Nachbarhaus gegenüber auf ihn gewartet. Als er mit seinem Fahrrad nach Hause kam, traten die beiden Männer aus dem Schatten des Hauses und riefen
5 ihm zu, er solle stehenbleiben, sonst würden sie schießen. Ich sah alles ganz genau. Ich stand gerade auf dem Heuboden unseres Nachbarn und sah zufällig aus der Luke. Mein Vater war ganz ruhig. Er lehnte das Fahrrad an die Hauswand und sah den beiden SS-Männern entgegen. In
10 diesem Augenblick bog ein Auto in unsere Straße ein, und zwei weitere Männer in schwarzen Ledermänteln stiegen aus. Einer der beiden schraubte die Lenkstange vom Fahrrad meines Vaters ab, zog Zeitschriften aus dem Rahmenbau und hielt sie meinem Vater triumphierend lächelnd entgegen.
15 Darauf wurde mein Vater auf den Rücksitz des Autos gestoßen, die beiden SS-Männer setzten sich links und rechts neben ihn und der Wagen fuhr ab. Ich weiß, daß ich ein Bündel Heu in den Armen hielt und starr aus der Luke sah. Das alles war so unwirklich wie im
20 Kino. Ich wachte erst auf, als die Nachbarin rief. »Max, deinen Vater haben sie abgeholt.« Ich sprang vom Heuboden direkt in den Hof, vier Meter tief auf den Misthaufen, schwang mich auf mein Fahrrad und fuhr zu einem Bauern außerhalb des Ortes, bei dem meine
25 Mutter zeitweise, nach der Arbeit in der Porzellanfabrik aushalf. Als sie mich kommen sah, setzte sie langsam die beiden Milchkannen ab, und als ich endlich vor ihr stand, sagte sie ganz ruhig: »Ich weiß schon. Es hat wohl so kommen müssen. Jetzt mußt du in die Hitlerjugend eintreten.«

Ü 5 Beantworte die Fragen zum Text.

Ü 6 Berichte dann mit Hilfe der Diagramme.

1 verhaften = *arrest*
6 Heuboden = *hay loft*
7 Luke = *hatch*
12 abschrauben = *unscrew*
13 Rahmenbau = *frame*
23 Misthaufen = *manure heap*
25 Porzellan = *china*
26 Milchkannen = *churns*
28 es hat wohl so kommen müssen = *it had to happen*

- Wann hatte der Autor dieses Erlebnis?
- Wo war er zu dieser Zeit?
- Was konnte er beobachten?
- Was war mit dem Fahrrad?
- Welchen Beweis* hatten die Männer?
- Wie fand der Junge das alles?
- Wo arbeitete die Mutter? Und was meinte sie?
- Warum sollte der Junge in die Hitlerjugend eintreten?

*proof

Was meinst du?

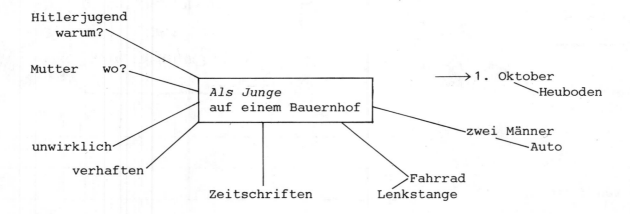

1 Es muß Anfang August gewesen sein, denn das Obst war
noch nicht reif. Ich saß in meinem Funkwagen und lauschte
den Pieptönen aus dem Kopfhörer, als ich vor dem Funkwagen ein Geschrei hörte. Es war streng verboten, während
5 eines Funkvorganges das Funkgerät zu verlassen, deshalb
durfte ich nicht nachsehen, was draußen geschah. Hinter mir
riß plötzlich jemand die Tür auf und schrie: »Hands up!«
Nun wußte ich, was die Stunde geschlagen hatte. Ich stand
auf, hob meine Arme und drehte mich um.
10 Zum ersten Mal in meinem Leben stand ich einem Schwarzen gegenüber.
Er winkte mich ins Freie, lachte mich an und sagte: »Okay,
boy, the war is over for you.«
Er gab mir eine Zeichen, daß ich mich setzen sollte, dann
15 fingerte er aus seiner Uniform eine Schachtel mit Schokolade
und reichte mir ein Stück.
Seit Monaten aß ich erstmals wieder Schokolade.
Wenn jetzt nichts mehr passiert, dachte ich, dann habe ich
überlebt.
20 Mit meinen drei Kameraden aus dem Funkwagen kam ich in
ein großes Kriegsgefangenenlager in der Nähe von Brest.
Dort blieben wir knapp eine Woche, dann wurden wir nachts
auf ein Schiff verladen. Wir waren etwa tausend Kriegsgefan-
gene. In England, ich weiß nicht mehr in welchem Hafen,
25 wurden wir ausgeladen und in Güterzüge gebracht.
Nach langer Fahrt, die mir endlos vorkam, hielt der Zug
endgültig in Schottland, in der Nähe von Glasgow. Aber auch
in diesem Lager blieb ich nur vier Wochen. Wieder wurden
wir eingeschifft, und bald lag Europa hinter mir.
30 Vier Tage später lief unser Schiff im Hafen von New York ein.
Als ich in der Nacht auf Deck stand, sah ich nach fünf Jahren
zum ersten Mal wieder eine erleuchtete Stadt. Mein Gott,
dachte ich, und dieses Amerika wollte Hitler besiegen. Er
muß wahnsinnig sein.
35 Drei Jahre sollte ich in Amerika bleiben.
Was in Europa weiter passierte, las ich nur noch in amerikani-
schen Zeitungen oder hörte es im Radio.

- Wo war der Autor im Krieg?
- Welche Aufgabe hatte er?
- Was geschah Anfang August?
- Stationen der Kriegs - gefangenschaft: Brest - England - Glasgow - New York

Was weißt du darüber?

1 Obst = *fruit*
2 Funkwagen = *radio car*
5 Funkgerät = *radio equipment*
21 Kriegsgefangenenlager = *camp for prisoners of war*
23 verladen = *load*
25 ausladen = *unload*
29 einschiffen = *embark*
33 besiegen = *defeat*

Aus: Max von der Grün, »Wie war das eigentlich? – Kindheit und Jugend im Dritten Reich«.
© 1979 by Hermann Luchterhand Verlag GmbH, Darmstadt und Neuwied. Sammlung Luchterhand, April 1981.

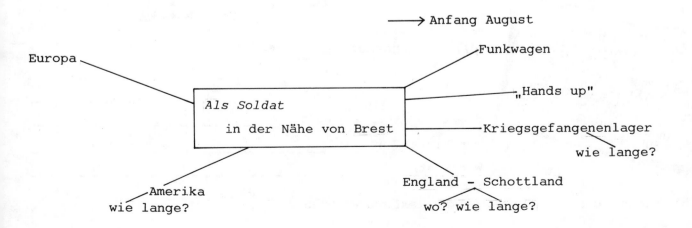

Krankentransportfahrer nahmen 100 000 Mark mit

Berlin, 7. Jan. Zwei Krankentransportfahrer haben einem Rentnerehepaar 100 000 Mark gestohlen und sich dafür teure Autos gekauft.

Die Männer sollten den erkrankten Rentner ins Krankenhaus fahren. In der Wohnung halfen sie der 87jährigen Frau des Mannes beim Einpacken, entdeckten 40 000 Mark und steckten das Geld ein.

Der Rentner starb, die beiden Männer kamen am nächsten Tag wieder. Einer der beiden verwikkelte die Frau in ein Gespräch, der andere durchstöberte* die Wohnung und fand weitere 60 000 Mark.

Die beiden Männer wurden jetzt wegen Diebstahls zu einer Strafe von 18 Monaten verurteilt. Das Geld müssen sie zurückgeben.

Ü 7

Warum haben die beiden Männer das Geld gestohlen?
Wie kamen sie ins Haus und wie konnten sie das Geld stehlen?

*durchstöbern = wühlen in

Ü 8 Leserbrief

Die Dame freut sich.
Warum? Schreibe einen kurzen Bericht.

*BVG = Berliner Verkehrs-Gesellschaft
(Busse und U-Bahn)
**Lob = "Gut gemacht!"

Im Fundbüro bekam ich alles wieder

Der BVG ein großes Lob. Ganz herzlich möchte ich mich bei einem BVG-Busschaffner der Linie 91 vom Hermannplatz nach Buckow/Rudow bedanken. In seinem Bus habe ich meine Geldbörse mit Personalausweis, Scheckkarte und Bargeld verloren. Dank seiner Ehrlichkeit konnte ich im Fundbüro der BVG wieder alles in Empfang nehmen. Herzlichen Dank! So fing das neue Jahr für mich doch noch gut an.

Elisabeth P., Burchardstr., Tempelhof

Mofa-Kurs gratis

SALZBURG-STADT. Um die Verkehrssicherheit zu heben, veranstalten zwei Salzburger Fahrschulen am 16. und 17. April auf dem Verkehrsübungsplatz beim Flughafen vierstündige Kurse für Mofa-Fahrer. Sie sind gratis. Anmeldungen bis 12. April. Tel. 0 66 2/20 5 01.

Ü 9 Ein Angebot

Ein Angebot: Für wen? _____

Was? _____

Wo? _____

Wann? _____

Wer bietet an? _____

Was kostet es? _____

Ü 10 Kannst du mit den Antworten den Text neu schreiben?

Ü 11 **Heute Klassenfest bei Sabine!**

Bitte seht euch an und lest, was hier passiert.

Sabines Kommentare:

Jörg hängt Poster <u>an die</u> Wand.

„Poster <u>an der</u> Wand finde ich ganz toll!"

Elke füllt Rum <u>in die</u> Limonade.

„Hm, Rum <u>in der</u> Limonade! Schmeckt super!"

Martin legt Kissen <u>auf den</u> Boden.

„Kissen <u>auf dem</u> Boden! Richtig gemütlich!"

Ute schiebt den Tisch
<u>vor das</u> Fenster.

„<u>Vor dem</u> Fenster ist dann genug Platz für den Plattenspieler."

Ü 12 **Und weiter?**

Klaus fragt:

Wohin mit den Chips, dem Verstärker, den Cassetten, den Kerzen?!?

Mache selbst Vorschläge und verwende
an - auf - in - vor.

Die Chips _____

Den Verstärker* _____

Die Cassetten _____

Die Kerzen _____

*amplifier

Ü 13 **Wo steht alles jetzt?**

die Cassetten _____   der Verstärker _____

die Kerzen _____   die Chips _____

Ü14 Jetzt ... und früher

1. Meine Mutter findet grüne Haare jetzt ganz normal.   Vor zwei Jahren ... (schrecklich)

2. Dieses Jahr fängt die Schule um 8 Uhr an.   Letztes Jahr ... (schon um 7.45 Uhr)

3. Meine Schwester und ich fahren meistens mit dem Rad in die Stadt.   Als wir kleiner waren, ... (mit dem Bus).

4. Meine Oma schreibt mir keine Briefe mehr.   Früher ... (einmal im Monat)

5. Jetzt wo ich einen Job habe, helfe ich meinen Eltern kaum noch.   Als ich jünger war, ... (oft)

6. Meine Schwester weiß jetzt über Fahrräder sehr gut Bescheid.   Als sie ihr Rad geschenkt bekam, ... (gar nichts).

Ü15 Ergänze die Sätze.

1. Als mein Großvater noch _____, _____ er uns oft Geschichten aus seiner Kindheit.

2. Vor hundert Jahren _____ die Reise von Nürnberg nach Fürth mehrere Stunden.

3. Meine Mutter _____ nicht, welcher Film im Kino _____.

4. Nach der langen Reise _____ wir alle recht müde _____.

5. Die Touristen _____ einen Passanten nach dem Weg zum Bahnhof.

aussehen - wissen - dauern - erzählen - fragen - leben - laufen

Ü16 Ergänze die Sätze.

1. Stell dich in _____ Ecke und warte, bis er vorbeikommt.

2. Hände auf _____ Tisch!

3. Geh ganz nah an _____ Mauer heran!

4. Stellen wir den Computer auf _____ Stuhl hier vor _____ Fernseher?

5. Treffen wir uns an _____ Straßenbahnhaltestelle?

6. Warum läufst du immer mit _____ Händen in _____ Taschen 'rum?

7. Hier vor _____ Tür ist kein Platz mehr.

Was zeigen diese Bilder?
Erkennst du Personen?

Im Warenhaus

i Information

2. Obergeschoß:
Gardinen
Lampen
Möbel / Gartenmöbel
Orient-Teppiche
Sportartikel / Camping
Verwaltung

1. Obergeschoß:
Bettwaren
Brautmoden
Damenbekleidung
Damenwäsche / Miederwaren
Herrenartikel
Herrenbekleidung
Kinderbekleidung
Kundentelefon
Kundentoiletten
Ledermoden
Restaurant
Spielwaren

Erdgeschoß:
Aussteuerwaren
Bücher / Geschenkartikel
Fotoabteilung
Friseur
Lederwaren
Parfümerie
Reisebüro
Schallplatten
Schreibwaren
Schuhe
Wolle / Kurzwaren
Silberwaren

Rathaus-Passage:
Apotheke
Blumenmarkt
Reformhaus
Uhren / Schmuck
Video

1. Untergeschoß:
Autozubehör
Gartengeräte
Glas / Porzellan
Haushalt / Zinn
Heimwerker
Lebensmittelmarkt
Paßfoto
Pils-Stube
Radio / Fernsehen
Schlüssel- und Schuhbar
Sofort-Reinigung
Spielhalle
Teppich-Discount
Tierbedarf

2. Untergeschoß:
Tiefgarage

TIEFPREIS!   EINGANG   NOTAUSGANG

Unser Tip!   SONDERANGEBOT   NEU!   Kasse

ECHT GUT - ECHT GÜNSTIG

ROLLTREPPE   AUSGANG   DAMEN   AUFZUG

HERREN

Ü1

Was?	Abteilung?	Wo?
Buch	Bücher / Geschenkartikel	Im Erdgeschoß
Strumpfhosen		
Trainingsschuhe		
Keks		
Broschüren / Reiseprospekte		
Geschenke für 5jährigen Bruder		
Batterie für den Fotoapparat		
Kuli		
Weingläser		
Brieftasche		
Haarspray		

An das Verkehrsamt Koblenz

London, den 27.2.19..

Sehr geehrte Damen und Herren,

ich habe vor, im Sommer mit einer Freundin an den Rhein zu fahren. Wir möchten gerne wissen, was man in dieser Zeit (Juli) in Koblenz und Umgebung unternehmen kann.

Könnten Sie uns bitte einige Broschüren und einen Stadtplan zuschicken?

Wir danken Ihnen im voraus.

Mit freundlichen Grüßen,

Gina Radge

An die Jugendherberge Köln-Deutz

Berlin, den 12.1.19..

Lieber Herbergsvater,

zwei Freunde und ich planen in den Osterferien eine Reise nach Köln. Daher möchten wir gerne wissen, ob wir in Ihrer Herberge vom 24.4. – 29.4. übernachten können. Haben Sie noch Plätze frei?

Ich bitte um Nachricht.
Vielen Dank,

Karin Siegert

Ü2   Denk dir, du willst in den Herbstferien Hamburg besuchen.

Schreibe zwei Briefe,, einen an die Jugendherberge, um Plätze zu reservieren, und einen ans Verkehrsamt, um Informationen zu bekommen.

Ü 3 **Auf der Post.**

o Was kostet ein Brief nach England, bitte?

● Eine Mark.

o Also, drei Marken zu 1 Mark.

o Was kostet eine Karte nach Schottland?

● 70 Pf.

o Also, fünf Siebziger, bitte.

● So, 3,50 Mark bitte schön.

Geben Sie mir ...

Wann ist | der Brief | da?
         | die Karte |

An der Tankstelle.

     o Volltanken, bitte!

     ● Super oder Normal?

o Normal.   o 30 Liter Super, bitte.

o Könnten Sie auch | das Öl | nachsehen?
                    | die Reifen |

Redewendungen für mehr Rollenspiele.

An der Kinokasse

Zweimal Parkett, bitte.

Zwei Karten zu 9.50 Mark.

Wann beginnt die Vorstellung?

Wann ist die Vorstellung zu Ende?

Wie lange dauert der Film?

Im Verkehrsamt

Was kann man sich hier ansehen?

Wann sind Stadtrundfahrten? ... Und von wo?

Haben Sie eine Broschüre mit Stadtplan?

Wann sind Führungen im Schloß?

Wie komme ich zur Jugendherberge?

Eine Vase verschwindet

Vierzehn Tage lang war die Londoner Antiquitätenausstellung täglich von vielen tausend Interessierten und Neugierigen besucht worden.

Keines der hier ausgestellten Stücke war jünger als einhundert Jahre.

Da standen wunderschöne Uhren neben wertvollen Kerzenständern. Zinn-, Silber- und Goldbecher neben Dosen aus Kupfer und Bronze.

Spiegel aus Venedig neben Broschen aus Bergkristall, sowie viele, viele Möbel und Vasen aus fast allen Epochen.

Der kommende Mittwoch nun war der letzte Tag der Ausstellung. Noch war Dienstag.

Als die Ausstellung um 22 Uhr ihre Pforten schloß, ahnte niemand, daß heute noch etwas ganz Ungewöhnliches geschehen sollte ...

Die vier Sicherheitsbeamten überwachten die Reinigung der Ausstellungsräume. Mister Holgren schaltete die Alarmanlagen ein und verschloß die beiden Türen.

Es war drei Minuten vor Mitternacht, als sich plötzlich, wie von Geisterhand, die Tür eines schweren, zweihundertfünfzig Jahre alten Danziger Schrankes öffnete. Der Schein einer winzigen Taschenlampe flammte auf. Ein Mann in einem langen, weiten Mantel trat heraus. Die dicken Läufer schluckten die Geräusche seiner Schritte. Langsam bog er in Saal II ein und steuerte zielsicher auf einen bestimmten Punkt zu.

Sekundenlang ruhte der Lichtschein seiner Lampe auf einer dreißig Zentimeter hohen, schlanken chinesischen Vase. Er streichelte das uralte Stück, bevor er es mit äußerster Vorsicht von dem Regal nahm. Noch vorsichtiger stellte er die Vase auf den Boden und entnahm der Tiefe seines weiten Mantels einen Gegenstand von fast gleicher

Höhe und gleichem Durchmesser und stellte ihn dorthin, wo vorher die Vase gestanden hatte.

Er nahm das kostbare Stück vom Boden auf und trug es zu seinem ungewöhnlichen Versteck, dem Schrank. Anschließend zog er aus einer anderen Tasche einen winzigen Wecker, legte diesen auf den Boden vor dem Schrank, rollte sich daneben wie eine Katze zusammen und war wenig später eingeschlafen.

Der helle Tag schien bereits durchs Fenster, als ihn das zarte Bimbam des kleinen Weckers erwachen ließ. Er aß ein paar getrocknete Feigen und zog sich in den Schrank zurück. Eine Viertelstunde später hörte er das Geräusch der ersten Besucher des letzten Ausstellungstages. Durch das Schlüsselloch konnte er genau beobachten, was vorging.

Endlich kam die passende Gelegenheit. Unbeobachtet gelang es ihm, aus dem Schrank zu schlüpfen. Den langen Mantel mit der kostbaren Vase trug er über dem Arm. Um 8 Uhr 45 verließ er die Ausstellungsräume.

Nur drei Minuten später entdeckte man den Diebstahl der chinesischen Vase, aber – eben drei Minuten zu spät ...

Aus: Wolfgang Ecke, »Der unsichtbare Zeuge, Ravensburger Taschenbücher 403, Otto Maier Verlag, Ravensburg 1977.

Ü 4 Suche Informationen aus dem Text heraus.

- Wo passierte die Geschichte?
- Was konnte man dort sehen? Wie lange?
- Wie nennt man solch eine Veranstaltung?
- An welchem Tag geschah etwas Ungewöhnliches?
- Wer war die Hauptperson der Geschichte? Woher kam sie?
- Warum war die Person dort?

Ü 5 **Vergleiche die Bilder mit dem Text und erzähle, was passierte.**

(1) In London war gerade ...
Da standen ... Am Mittwoch ...

(5) Dann ... Neben ihm ...

(2) Um 22 Uhr ...

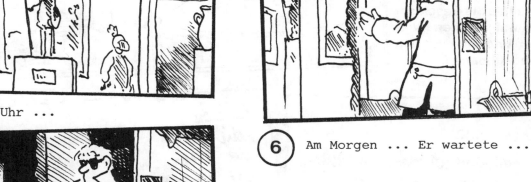

(3) Es war Mitternacht ... Da ...

(6) Am Morgen ... Er wartete ...

(4) Der Mann ... und ...

(7) Um 8.45 Uhr ...
Drei Minuten später ...
Aber ...

Inselprogramm

Fernsehen einmal anders

Ü 6 Erzähle die Geschichte mit eigenen Worten und/oder mit den angegebenen.

BILD 1:
eine Reise machen
die Sonne am Himmel, scheinen
das Schiff, plötzlich sinken
an Land schwimmen

BILD 2:
die Insel
die Palme
sich hinsetzen, nachdenken
die Sonne, langsam untergehen
zuerst nicht wissen ...

dann, unten am Wasser, Bretter liegen sehen

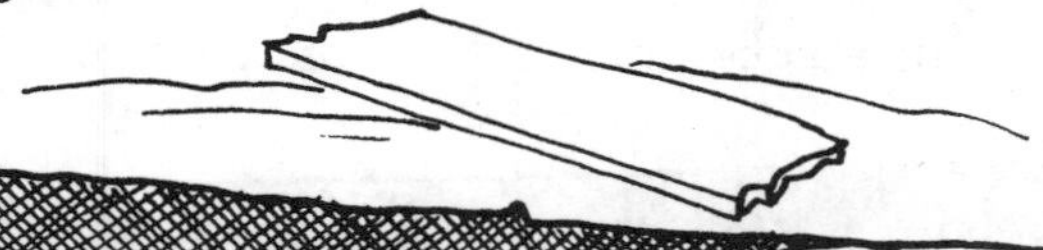

BILD 3:
aufstehen
der Hammer
Nägel (?) in die Bretter schlagen
der Fernseher, bauen

BILD 4:
fertig
an den Baum lehnen
zufrieden den Sonnenuntergang beobachten

Fernsehen in vier deutschsprachigen Ländern

DRS

9.30 **Ski-Weltcuprennen**
Riesenslalom Damen – 1. Lauf
Direktübertragung aus Jasna

10.20 **«Drache uff d Gass»**
(Zweitausstrahlung
vom 14. 3.)

13.30 **Ski-Weltcuprennen**
Riesenslalom Damen – 2. Lauf
Telekurse: 15.45 *Avanti, avanti Italienisch für Anfänger (23)* 16.15 *Privat im Staat. Möglichkeiten der Teilnahme am politischen Geschehen. 8. Teilnahme als Kandidat*

16.45 **Weltreise (21)**

17.35 **Gschichte-Chischte**

17.45 **Telesguard**

17.55 **Tagesschau**

18.00 **Tilt**
(Jugendprogramm)

18.45 **Sport in Kürze**

18.50 **Ziehung des Schweizer Zahlenlottos**

19.00 **Samschtig-Jass**
Ein Spiel am Telefon

19.30 **Tagesschau**
Anschliessend:
Das Wort zum Sonntag
Es spricht: Othmar Keel,
Freiburg

19.55 **Schweizer Volksmusik**
Mit dem Quartett Johannes
Kobelt

20.15 **Einer wird gewinnen**
Das internationale Fernseh-
quiz mit acht Kandidaten aus
acht Ländern, präsentiert von
Hans Joachim Kulenkampff

22.10 **Tagesschau**

22.20 **Sportpanorama**

23.20 **Derrick**
Waldweg (Wh.)

Dieser Fall konfrontiert Oberinspektor Derrick mit einem Mord. Die Haushaltschülerin Ellen Theiss ist auf dem Weg zu ihrem Internat umgebracht worden.

0.20 **Tagesschau**

0.25 **Programmvorschau**

ARD

10.25 **Skiflug-Weltcup**
Aus Oberstdorf

13.15 **Vorschau**

13.45 **Ein starkes Stück!**
Die neue Staatsgalerie in
Stuttgart

14.30 **Sesamstrasse**

15.00 **Nonstop Nonsens**
Von und mit Dieter
Hallervorden
Didi macht das Rennen

15.45 **Neues vom Kleidermarkt**

16.30 **Rot und Schwarz (3)**
Fernsehfilm in fünf Teilen

18.00 **Tagesschau**

18.05 **Die Sportschau**
Regionalprogramm
SWF: 17.30 *Links von den Pinguinen. Ein Schnupfen kommt selten allein* 19.00 *Sandmännchen* 19.15 *Abendschau am Samstag*
BR: 17.30 *Zwischen Spessart und Karwendel* 19.00 *Samstagsclub der Abendschau* 19.40 *Abendschau aktuell mit Sport*

20.00 **Tagesschau**

20.15 **Einer wird gewinnen**
Das grosse internationale
Quiz mit Hans Joachim
Kulenkampff

Die Frühlings- und Sommermode ist da; und damit für Gaby (hier mit Hans Joachim Kulenkampff) die Gelegenheit, neue Modelle zu zeigen.

22.00 **Ziehung der Lottozahlen**
Anschliessend:
Tagesschau *und*
Das Wort zum Sonntag

22.20 **Feuer aus dem All**
Amerik. Spielfilm (1978) mit
Richard Crenna, Elizabeth
Ashley, David Dukes u. a.

0.10 **Tagesschau**

ZDF

9.30 **ZDF – Ihr Programm**
ARD/ZDF-Vormittagsprogramm
(Nur über die Sender des ZDF)
10.00 *Heute* 10.03 *Bei Bio* 11.05 *Umschau* 11.25 *Menschenskinder!* 11.55 *Presseschau* 12.00 *Heute*

12.15 **Nachbarn in Europa**
Information und Unterhaltung
für Ausländer und Deutsche

14.30 **Heute**

14.32 **Tao Tao**
Zeichentrickserie

14.55 **Die dicke Tilla**
Von Rosel Klein
Mit Carmen Sarge, Jana
Mattukat, Matthias Manz u. a.

16.10 **Schau zu – mach mit**

16.20 **Die Fraggles**
Was schert's mich

16.45 **Enorm in Form**
Fit durch den Winter (11)
Mit Doris de Agostini, Judith
Jagiello und Michael Veith

17.04 **Der grosse Preis**

17.05 **Heute**

17.10 **Länderspiegel**

18.00 **Die Waltons**
Der Dauertanz
Fernsehfilmserie

18.58 **ZDF – Ihr Programm**

19.00 **Heute**

19.30 **Der Mann, der keine Autos mochte**
Unterhaltungsserie von Dieter
Wedel
3. Lieb und teuer
Mit Ralf Schermuly, Andrea
Bürgin, Katerina Jacob, Jutta
Speidel u. a.

20.15 **Und ewig singen die Wälder**
Österr. Spielfilm (1959) mit
Gert Fröbe, Hansjörg Felmy,
Joachim Hansen, Karl Lange,
Anna Smolik, Hans Nielsen,
Maj-Britt Nilsson u. a.
Regie: Paul May

Hansjörg Felmy als Tore und Anna Smolik als Elisabeth von Gall.

21.50 **Heute**

21.55 **Das aktuelle Sport-Studio**

23.10 **Serpico**
Die Kronzeugin
Kriminalserie

24.00 **Heute**

ORF 1

9.00 *Frühnachrichten* 9.05 *Englisch: Bid for power (24)* 9.35 *Französisch: En français (101)* 10.05 *Russisch* 10.35 *Österreich-Bild am Sonntag (Wh.)* 11.00 *Wir – Extra (Wh.)* 11.30 *Konzert am Vormittag. R. Strauss: Tod und Verklärung, op. 24. Chicago Symphony Orchestra* 11.55 *Nachtstudio (Wh.)* 13.00 *Mittagsredaktion*

15.00 **«Zum Wieder-Sehen»**
Casino de Paris
Deutsch-frz.-ital. Spielfilm
(1957) mit Caterina Valente,
Vittorio De Sica, Gilbert
Bécaud, Grethe Weiser u. a.

16.35 **Am Weiher**
Ein Film von Klaus Janich

17.00 **Sport-Abc**
Gymnastik mit Musik

17.30 **Peppino**
Eine Jugendspielfilmserie
Der Brand

17.55 **Betthupferl**

18.00 **Zweimal sieben**

18.25 **Guten Abend am Samstag**
sagt Heinz Conrads

18.50 **Trautes Heim**

19.00 **Österreich-Bild**
Mit Südtirol aktuell

19.30 **Zeit im Bild**

19.50 **Sport**

20.15 **Einer wird gewinnen**
Das grosse internationale
Quiz
Mit Hans Joachim
Kulenkampff

22.05 **Sport**

22.20 **Europacup der Professionals**
Standard- und
lateinamerikanische Tänze

23.20 **Klimbim**
Klamauk und Sketches

0.05 **Schlussnachrichten**

ORF 2

14.30 **Sportnachmittag**

16.15 *Gesundheit kennt keine Grenzen* 17.00 *Die liebe Familie* 17.45 *Wer will was?* 18.00 *Zweimal sieben* 18.25 *Fussball* 19.00 *Trailer*

19.30 **Zeit im Bild**
Mit: Ein Fall für den
Volksanwalt?

20.15 **Das Ohr**
Von Jan Procházka

22.05 **Fragen des Christen**

22.10 **Der grösste Sieg des Herkules**
Ital. Spielfilm (1964) mit Dan
Vadis, Spela Rozin, Caroll
Brown u. a.

23.30 **Ungewöhnliche Geschichten**
von Roald Dahl
Georgy Porgy

23.55 **Hundert Meisterwerke**

0.05 **Schlussnachrichten**

DDR 1

7.55 *Russisch.* – 9.10 *Vorschau.* – 9.15 *Medizin nach Noten.* – 9.25 *Aktuelle Kamera.* – 10.00 *Hoppla.* – 10.30 *Die Leute von Züderow (5) Alte Bekannte.* – 11.30 *In 1 000 Tagen durch den Fels Reportage.* – 11.55 *Nachr.* – 12.00 *Willi Schwabes Rumpelkammer.* – 13.05 *Unter Indianern, Lappen und Beduinen Die Karaja am Rio Araguaia.* – 13.30 *Ich bin wie alle Mädchen Die polnische Sängerin Krystyne Gizowska.* – 14.00 *Nachr.* – 14.10 *Prinzessin gesucht Sowj. Spielfilm (1976).* – 15.50 *Pfiff.* – 16.00 *Rund.* – 17.30 *Nachr.*

17.40 **Sport aktuell**

18.45 **Vorschau**

18.50 **Sandmännchen**

19.00 **Der Hund von Baskerville (4)**
Letzter Teil

19.30 **Aktuelle Kamera**

20.00 **Heute geht's rund bei „Alles singt"**
Populäre Stimmungslieder,
lustige Volksweisen, Scherz-
weisen, Tschingderassabum

21.00 **Irgendeiner hat verraten**
Italienischer Spielfilm (1968)
Mit Elsa Martinelli, Robert
Webber, Jean Servais u. a.
Regie: Franco Prosperi
■ *Rohdiamanten im Wert von einer halben Million liegen in einem Safe in Marseille. Eine Bande von Diamantenräubern hat es darauf abgesehen.*

22.30 **Aktuelle Kamera**

22.45 **Schauspielereien**
Männer mit Grundsätzen

23.45 **Nachrichten**

Fast alle ausländischen Programme sind synchronisiert (*dubbed*).

DRS = Deutschsprachiger Rundfunk in der Schweiz

ORF = Österreichischer Rundfunk und Fernsehen

Ü 7 In welcher Jahreszeit hat man diese Programme gesendet?

- Nachrichtenprogramme in den vier Ländern:
- Programme aus England und Amerika
- Vergleiche die verschiedenen Programme. Was fällt dir auf?
- Programme, die dich besonders interessieren:

(A)	(CH)	(D)	(DDR)

Kanal	wann?	PROGRAMM

Ü 8 Kannst du dir ähnliche Situationen vorstellen?
Was würdest du dann sagen?

1 Geschenke, Andenken (Souvenirs) kaufen

Kleine Dialoge üben und schreiben

o Was kosten die Aufkleber bitte?

• Eine Mark.

o Geben Sie mir zwei bitte.

Zeigen Sie mir bitte ...	Wie gefällt dir ...?
Ich hätte gern ...	
	... eine Schachtel Pralinen
Das ist mir zu ...	
Poster ... Ansichtskarten ...	Die nehme ich.

2 Wenn nur ...!

Ergänze die Sätze.

Wenn ich ein Mofa hätte, könnte ich dich besuchen.

Wenn ich _____, wäre ich reich.

Wenn ich nur _____, so könnte ich _____.

Wenn jetzt Ferien _____, müßte _____.

Wenn ich Geburtstag _____, _____.

Wenn ich im Lotto gewinnen _____, _____,

3 Einkaufen

Ergänze die Sätze.

Letzte Woche sind Gaby und ich einkaufen gegangen. Wir wollten _____ was Neues für
das Schulfest kaufen.

Bei Wertheim habe ich eine Bluse gesehen, die hat _____ sehr gut gefallen. Sie war
_____, aber leider zu teuer.

„Die Bluse steht _____ gut", hat Gaby gesagt. „Ich kann _____ das Geld leihen." Das
war aber lieb von _____.

In der Boutique hat Gaby eine Kette gesucht. Die Verkäuferin hat _____ welche ge-
zeigt, teure darunter. „Die ist schön, die schenke ich _____ Schwester" hat
Gaby gesagt. Ich habe auch noch einen schönen Pullover gekauft. Den gebe ich _____
_____ Freund. Ich schreibe _____ noch eine Karte dazu, er hat doch morgen Geburtstag.

4 Schreibe die Sätze rechts zu Ende.

Alltägliche Gewohnheiten*

o Wozu früh aufstehen?

● Na, *um* _____
(pünktlich sein)

o Und abends einen Dauerlauf?

● Ja, _____
(besser schlafen)

o Tagebuch schreibst du auch?

● Warum wohl? _____
(interessante Erlebnisse**
nicht vergessen)

_____

Wichtig beim Kochen

o Na hör mal, wozu soviel Salz?

● *Damit* _____
(Eier nicht kaputtgehen)

o Grünen Pfeffer auf die Himbeeren?***

● Klar, _____
(besonders gut ...)

o Und Petersilie an den Tomatensalat?

● Ja sicher, _____
(schöner aussehen)

Reisen in der Schweiz

o Warum soll ich nach Bern fahren?

● *Weil* _____
(Hauptstadt)

o Und warum willst du hier eine Uhr
kaufen?

● _____
(Schweizer Uhren weltberühmt)

_____

o Kannst du die Leute immer verstehen?

● Nein, nicht immer, _____
(oft Schwyzerdütsch
sprechen)

_____

*everyday habits
**experiences, events
***raspberries

Unerwartete Gäste

1 Dr. Wendolin hatte lange gesucht, bis er endlich das richtige Geschenk für seine Frau gefunden hatte. Es handelte sich dabei um eine hohe, schmale englische Standuhr mit Westminsterschlag. Fünfundsiebzig Jahre alt war die Uhr
5 aus London, die das erste Viertel einer jeden Stunde mit einem Schlag, das zweite Viertel mit zwei Schlägen und das dritte Viertel mit drei Schlägen verkündete. Jede volle Stunde hingegen leitete sie mit vier Schlägen ein.
Magda Wendolin freute sich riesig.
10 Aber das war jetzt auch schon wieder einige Monate her.
Man schrieb inzwischen Ende November, und Dr. Wendolin war mit seiner Frau und den Kindern verreist. Jeden Tag einmal, und zwar gegen 10 Uhr vormittags, kam
15 Frau Schulz vorbei und sah in dem schmucken Bungalow nach, ob alles in Ordnung war.
Sie nahm die Post aus dem Briefkasten, goß die Blumen und krümelte ein paar Fingerspitzen voll Trockenfutter in das Aquarium.
20 Dann kam die Nacht vom 21. zum 22. November.
Ein starker Wind wehte von Ost nach West und peitschte eisigkalte Regentropfen vor sich her. Es war alles andere als eine gemütliche Nacht, im Gegenteil: Es war eine Nacht für Leute, die auf Kosten anderer lebten.
25 Wie zum Beispiel die beiden Männer, die in diesem Moment vor dem Wendolinschen Haus vorfuhren, Licht und Motor abstellten und noch eine Viertelstunde warteten, bevor sie ausstiegen.
Die Standuhr schlug gerade siebenmal, als sie die Haustür
30 aufbrachen.
Sie nahmen sich viel Zeit bei ihrer Suche nach Wertsachen und Bargeld. Keinen Winkel ließen sie aus, keine Schublade blieb ungeöffnet.
Als sie nach genau neunzig Minuten wieder verschwan-
35 den, taten sie es reich bepackt.
Frau Schulz, die wie immer gegen 10 Uhr die Haustür aufschloß ... das heißt in diesem Fall: aufschließen wollte, bemerkte die aufgebrochene Tür.
Gemeinsam mit der sofort herbeigerufenen Funkstreife
40 ging sie verzweifelt durch die verwüsteten Räume des Hauses.
Erst sieben Monate später konnte die Polizei die beiden Täter auf frischer Tat ertappen.

Aus: Wolfgang Ecke, »Der unsichtbare Zeuge«, Ravensburger Taschenbücher 403, Otto Maier Verlag, Ravensburg 1977.

5 Suche Informationen aus dem Text heraus.

- Was weißt du von der Standuhr?
- Was steht über Familie Wendolin im im Text?
- Welche Aufgaben hatte Frau Schulz? Warum?
- Was passierte in einer Nacht im November?
- Warum spielte das Wetter eine Rolle?
- Wie endete die Geschichte?
- Wie spät war es, als die beiden Männer aus dem Haus gingen?

6 Erzähle die Geschichte mit einigen Worten.

- Standuhr ... Geschenk
- Familie Wendolin ... Reise
- Frau Schulz ... macht Ordnung
- Die beiden Männer ... nehmen etwas mit
- Die Polizei ... sucht die Täter

Worterklärung (*Vocabulary*); 7 verkünden (hier) *strike*; 8 einleiten *introduce*; 17 goß (gießen) (hier) *water*; 18 krümeln *crumble*; 21 vor sich her peitschen *drive (whip) along*; 31 Wertsachen *valuables*; 32 Bargeld *cash*; 32 Schublade *drawer*; 39 Funkstreife *police patrol car*; 40 verzweifelt *desperate*; 40 verwüstet *devastated*; 43 auf frischer Tat ertappen *catch red-handed*

7 Fragen schreiben für Interviews

Einmal so ...

1. Wie heißt sie?

2. Wo wohnt sie?

3. Gibt es dort ein Jugendzentrum?

4. Kann man dort tanzen?

5. Wann ist es geöffnet?

6. Wie war es damals?

7. Wie lange haben Sie in dem Haus gewohnt?

8. Wer hat die Garage gebaut?

9. Kannten Sie die Nachbarn gut?

10. Was ist dann passiert?

Und einmal so ...

Sag mir, ... / Weißt du, ...? / Kannst du mir sagen, ...?

1. *Sag mir, wie*

2. _____

3. _____

4. _____

5. _____

Können Sie mir sagen, ...? / Wissen Sie, ...? / Ich möchte wissen, ...

6. *Können Sie mir sagen,*

7. _____

8. _____

9. _____

10. _____

8 Ergänze.

in   um   mit   durch   bei   vor   aus   nach   seit

1. _____ einen Monat sind meine Eltern _____ Spanien geflogen.

2. _____ drei Jahren lerne ich Deutsch _____ Herrn Boyce; es macht richtig Spaß!

3. Samstags gehe ich _____ Freundin Sue _____ die Disco.

4. Der Rundgang _____ die Altstadt fing _____ 16 Uhr vor dem Rathaus an.

5. _____ dem Essen muß ich immer die Teller _____ die Küche bringen.

6. Mein Freund Peter kommt _____ Glasgow, er wohnt aber jetzt _____ Berwick.

9 Ergänze.

1. „Das Essen steht schon seit _____ halben Stunde auf _____ Tisch!"

2. Von _____ Haus aus bin ich in 10 Minuten in _____ Stadtmitte.

3. Ich fahre meistens mit _____ Mutter in _____ Schule; sie ist nämlich Lehrerin.

4. _____ Montag bin ich _____ _____ Freund Tom _____ Kino gegangen; der Film war echt Klasse.

5. _____ _____ Arbeit bin ich _____ _____ Bus _____ Hause gefahren.

6. Meine Mutter arbeitet _____ _____ Post; mein Vater ist krank und bleibt _____ Hause.

7. Ich gehe zweimal _____ _____ Woche _____ Training; fit bin ich trotzdem noch nicht.

10 Was war los?

1. Das Fernsehprogramm _____ schon, als wir nach Hause _____.

2. Mein Vater _____ das nicht gut, daß ich dauernd meine teuren Schuhe kaputt _____.

3. Ich _____ die Nachbarin nicht gut; sie _____ selten da.

4. Als unser Hamster Junge _____, _____ wir _____ alle sehr.

5. Miss Piggy _____ traurig _____, weil Kermit ihr so selten Briefe _____.

> sein – kommen – aussehen – sich freuen – laufen – machen – kennen – bekommen – finden – schreiben

11 Als ich fünf war, …

Als ich fünf war, _____ wir nicht so viel Geld. Ein Auto _____ wir schon, aber ein ganz altes. Mein Vater _____ Lkw-Fahrer und _____ auch am Wochenende arbeiten; er _____ nicht, aber es _____ einfach nicht anders. Ich erinnere mich noch besonders an einen Samstag; da _____ meine Mutter sehr früh mit uns los. Schnee _____ auf dem Boden; wir _____ also etwas Warmes zu essen und zu trinken mit. Wir _____ zu einem großen Park am Stadtrand; die Reise _____ _____ etwa eine halbe Stunde, und wir _____ dort spazieren. Danach _____ _____ wir unsere Suppe im Auto; bei der Kälte _____ sie besonders gut.

> gehen – schmecken – dauern – nehmen – sein – wollen – fahren – haben – essen – müssen – liegen

Focus on Grammar

Focus on Grammar

Subordinate Clauses with "daß"

Take a simple statement:

> Ketchup schmeckt gut.

Now turn it into a statement of *your opinion*:

> Ich finde, daß Ketchup gut schmeckt.

What has happened to the statement?

- It has been totally rearranged.
  You have added: *Ich finde, daß .....*

  Note the COMMA!

and you have put the verb ("schmeckt") to the end
of the sentence.

Here is another one:

> Jeans sind praktisch.
> Ich finde, daß Jeans praktisch sind.

When this happens verbs which normally <u>separate</u>
JOIN UP again:

> Ich bringe mein Fahrrad mit.
> Er sagt, daß er sein Fahrrad mitbringt.

(Remember "mitbringen", "herausnehmen", "aufschlagen" from Lehrbuch 1, Chapter 4?)

You can even have two different verbs together at the end of the sentence.

> Paul kann sehr gut Mofa fahren.
> Ich finde, daß Paul sehr gut Mofa fahren kann.

Notice that it's the MODAL verb ("kann", "muß", etc.) which comes right at the end.

This is all very <u>different</u> from the order of words <u>in an English sentence</u>!

The same thing happens to the word order when you change from DIRECT to INDIRECT (or reported) speech:

> "Wir kommen aus Frankreich."
>
> Sie sagen, daß sie aus Frankreich kommen.

REMEMBER if you are reporting what someone else has said you may have to change the pronouns and the ending on the verb also:

DIRECT: "Ich komme aus Frankreich."

REPORTED: Er │ sagt, daß │er │ aus Frankreich kommt.
           Sie│   │sie│

DIRECT: "Das ist mein Buch."

REPORTED: Er │ sagt, daß das │sein │ Buch ist.
           Sie│   │ihr │

If you would have to change the pronoun and the verb ending in English, then you do the same thing in German.

Use of the Perfect Tense

> Ich habe gestern die neue Platte von Duran Duran gehört.
> *Yesterday I heard Duran Duran's new record.*

- when you are <u>talking</u> about what you've been doing;

> Liebe Sarah,
>
> wir haben letzte Woche Schnee gehabt.
> *Last week we had snow.*

- when you are <u>writing letters</u> to friends.

In spoken German and in personal letters the Perfect Tense can be used to express anything in the past. So you can see that the Perfect Tense is used much more in German than in English.

How do I form the Perfect Tense of Regular Verbs in German?

> Ich koche jetzt Spaghetti.
> Ich habe schon Spaghetti gekocht.

You take the verb "haben" and you add to it the PAST PARTICIPLE ("ge-kocht"), which goes AT THE END OF THE SENTENCE.

Notice that we have a similar form in English:

> Ich habe gekocht.   *I have cooked.*

Now look at the other verbs like this in your Lehrbuch, Section 2A , p. 24.

Notice this also:

> Ich mache heute mit.
> Ich habe gestern mitgemacht.

With separable verbs the GE- comes in the middle of the Past Participle. (See Lehrbuch, Section 2B, p. 24.)

Another variation:

> Sie diskutiert mit ihrer Mutter.
>
> Sie hat gestern mit ihrer Mutter diskutiert.

If a verb infinitive ends in "-ieren" (e.g. "demonstrieren"), the Past Participle has no "ge-". Find other examples in your Lehrbuch, Section 2C, p. 24.

The Past Participles of all the verbs mentioned in this chapter end in "-t" or "-et" (e.g. "ich habe gelernt", "er hat gearbeitet.")

The Perfect Tense in Subordinate Clauses

> Er hat lange in Birmingham gewohnt.
>
> Er sagt, daß er lange in Birmingham gewohnt hat.

Remember from the grammar section for Chapter 1 that after "daß" the verb goes to the end of the sentence? The same thing happens when the verb is in the Perfect Tense. Notice in the above example that the Past Participle comes second from the end, and the "haben" part of the verb comes right at the end of the sentence.

G3

The Perfect Tense of Irregular Verbs

> Ich lese gern Asterix-Hefte.
>
> Ich habe gestern zwei Asterix-Hefte gelesen.

These Past Participles end in "-n" or "-en". (See Lehrbuch, Section 1A, p. 32 - the list from "braten" to "essen".)

Now look at another example:

> Ich treffe meine Freundin im Kino.
>
> Ich habe gestern meine Freundin im Kino getroffen.

There are changes like this in some verbs in English, e.g. *I swim - I have swum*. In these two examples the Past Participle has a different vowel from the Present Tense ("tr<u>e</u>ffen/getr<u>o</u>ffen", *sw<u>i</u>m/sw<u>u</u>m*).

For some verbs, the change is exactly the same in English and German, e.g.:

> (trinken) sie haben viel Bier getrunken
> (to drink) they have drunk lots of beer

This is another reason why German is so easy for us!

HABEN or SEIN?

> Ich fahre heute mit dem Bus zu Schule.
>
> Er geht jeden Tag zum Training.
>
> Ich bin gestern mit dem Auto zur Schule gefahren.
>
> Er ist gestern zum Training gegangen.

All the verbs you have met so far use the verb "haben" in the Perfect Tense. There are some other verbs - not many, but they are very important ones - which use "sein". These verbs have mostly to do with moving - going, coming, running, etc.

Now look at the list in the Lehrbuch, Section A, p. 32, from "bleiben" to "laufen".

"Sein" itself of course has a Perfect Tense form:

> Ich bin heute schon zweimal in der Stadt gewesen.

but very often you use the shorter form:

> Ich war heute schon zweimal in der Stadt.

Here it is in full:

Infinitive	Present		Past		Perfect		
sein	ich	bin	ich	war	ich	bin	
	du	bist	du	warst	du	bist	
	er es sie	ist	er es sie	war	er es sie	ist	gewesen
	wir	sind	wir	waren	wir	sind	
	ihr	seid	ihr	wart	ihr	seid	
	sie	sind	sie	waren	sie	sind	

G3

Irregular Verbs – Vowel Change in the Present Tense

When these vowel changes happen they affect only the
    2nd Person singular (du)
and 3rd Person singular (er / es / sie / man)

For example:

ich	gebe	ich	laufe
du	gibst	du	läufst
er es sie	gibt	er es sie	läuft
wir etc.	geben	wir	laufen

Remember the UMLAUT ich fahre
                du fährst | changes

the sound completely and therefore counts
as a different vowel.

Some of the most frequently used verbs
in German make this vowel change.

It is worth learning the list in the
Lehrbuch, Section 2, p. 32.

G4

More word order!

If you make two sentences into one you sometimes get strange results:

)Er((hat) [Hunger] .   )Er((kommt) [nach Hause] .

Wenn)er([Hunger] (hat), (dann) (kommt))er([nach Hause] .

Easy enough in English:

    He's hungry.   *He'll come home.*
    If he's hungry ⟶ *he'll come home.*
    (When)   *(then)*

But to do the same thing in <u>German</u> is more complicated!

<u>Remember</u>: If you start with "wenn" then you must put the <u>verb</u> to the end of that
part of the sentence and separate it from the rest of the sentence with a <u>COMMA</u>,
e.g.:

      Wenn er Hunger <u>hat</u>, ...

You then start the second part of the sentence with the next verb (with or without "dann"):

> Wenn ....., (dann) <u>kommt</u> er nach Hause.

This means that you have inverted (put round the other way) the subject: "er" and the verb: "kommt".

The same rule applies if your sentence begins with *vielleicht*, *gestern* or a phrase like *nächste Woche*, *in London*:

```
                    )Er( kommt⟩        nach Hause.

Vielleicht |        kommt⟩ )er(        nach Hause.
Hoffentlich|
```

Endings on Adjectives (Accusative Case after "ein")

Another problem for us is the way adjectives add endings when they come <u>before</u> the thing or the person they describe.

	Sein Kopf ist groß.	(no ending)
BUT	Er hat einen groß<u>en</u> Kopf.	(add "-en")

Usually the ending is "-e" or "-en". Later in this course you will meet a complete list, BUT for most of the time it is enough to know what endings to use when describing what someone or something HAS or when describing something you would LIKE TO HAVE.

This is how it works:

> (Sein Kopf ist groß.)
> Er hat ein<u>en</u> groß<u>en</u> Kopf.

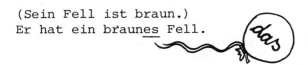

> (Sein Fell ist braun.)
> Er hat ein braun<u>es</u> Fell.

> (Seine Pfote ist weiß.)
> Er hat ein<u>e</u> weiß<u>e</u> Pfote.

As you can see the endings sometimes "rhyme":

In the PLURAL it's <u>-e</u>

> groß<u>e</u> Köpfe
> braun<u>e</u> Felle
> weiß<u>e</u> Pfoten

Here are some more examples:

| Ich möchte bitte | ein gro<u>ßes</u> Bier. |
| | eine klein<u>e</u> Portion Pommes frites. |

Ein großes Helles, bitte!

The Dative Case

a) Verbs with the Dative

Look at this example:

> Die Bluse gehört mir.

In English we would say:

> *The blouse belongs to me.*

Here is another example:

> Das Buch gehört meinem Bruder.

> *The book belongs to my brother.*

Sometimes we leave out *to* in English, for example:

> *She writes him a letter.*

Him in this case really means *to him.*

In German we would say:

> Sie schreibt ihm einen Brief.

She writes *to him. What* she writes, i.e. the letter, is the Direct Object (Accusative Case – see Book 1, Chapter 4) and the person to whom she sends it is the *Indirect Object.* This is where you use the Dative Case.

Here are the PERSONAL PRONOUNS in the DATIVE CASE:

Singular	Plural
ich – mir	wir – uns
du – dir	ihr – euch
er – ihm	
es – ihm	sie – ihnen
sie – ihr	

Here are the most common DATIVE CASE forms of the ARTICLE and POSSESSIVE PRONOUN followed by a noun:

der / mein	Bruder	–	dem / meinem	Bruder
das / mein	Buch	–	dem / meinem	Buch
die / meine	Schwester	–	der / meiner	Schwester

The same endings apply for *ein__, dein__, sein__, ihr__, unser__, eur__, ihr__, kein__, etc.*

There are a number of VERBS which in G e r m a n are FOLLOWED BY THE DATIVE CASE. Some seem obvious to us (e.g. "gehören"), others are not at all obvious, (e.g. "passen", "gefallen", "helfen"). Look at the examples in Book 2, p. 58.

If you have a sentence with both a Direct Object (Accusative Case) and an Indirect Object (Dative Case) it is fairly simple to decide which is Accusative and which is Dative. Just ask yourself *what?* and *to whom?*

	Verb	TO WHOM? Indirect Object (Dative Case)	WHAT? Direct Object (Accusative Case)
ich	gebe	meiner Schwester	eine Bluse.
Hans	zeigt	seinem Freund	das Moped.
Ich	leihe	meinem Bruder	den Bleistift.

The word order changes if you have just PRONOUNS INSTEAD OF NOUNS - then ACCUSATIVE comes BEFORE DATIVE:

	Verb	WHAT?	TO WHOM?
Ich	gebe	sie	ihr.
Hans	zeigt	es	ihm.
Ich	leihe	ihn	ihm.

If you have a mixture of PRONOUN AND NOUN
the rule is: PRONOUN FIRST; e.g.

| Ich gebe _ihr_ die Bluse. |
| Ich gebe _sie_ meiner Schwester. |

b) Prepositions with the Dative

The other time you use the Dative Case is after certain prepositions. You met some
of these in Book 1, Chapter 8, when you were asking the way _to_ various places or
saying _where_ buildings were:

| Wie komme ich _von der_ Kirche bis _zur_ Schule? |

In this chapter you have others also:

| _Nach der_ Schule gehe ich _mit meinem_ Freund _zum_ Bahnhof. |

Look at the examples in Book 2, p. 59 ("mit", "nach", "bei", "seit", "von", "aus",
"zu").

Comparison

This is no problem - especially if you remember "gern - lieber - am liebsten" from
Book 1, Chapter 6.

To make the COMPARATIVE and SUPERLATIVE of any other adjectives or adverbs simply
add "-er" and "am -(e)sten" thus:

| interessant | - | interessant_er_ | - | _am_ interessant_esten_ |
| schön | - | schön_er_ | - | _am_ schön_sten_ |

To COMPARE two things or people DIRECTLY:

| Nicht
Genauso | _so_ | interessant _wie_ ... |

Goofy ist genauso stark wie Supermann.

_or:_ | (Noch) interessant_er_ _als_ ... |

Supermann läuft schneller als Obelix.

The Subjunctive – Thinking about what might be

Look at this example:

> Ich bin nicht reich.
> Aber wenn ich reich <u>wäre</u>, <u>würde</u> ich einen Ferrari <u>kaufen</u>.
>
> *I am not rich.*
> *But if I <u>was/were</u> rich, I <u>would</u> <u>buy</u> a Ferrari.*

Notice this:

- In the clause starting with "wenn", the verb is not "war", but "wäre".

- In the second part of the sentence, the German structure is like English (ich <u>würde</u> <u>kaufen</u> - *I would buy*).

- But the word order follows the pattern which you already know from Chapter 4.

Here is another example:

> Ich habe keinen Computer.
> Aber wenn ich einen Compuer <u>hätte</u>, <u>würde</u> ich damit <u>spielen</u>.
>
> *I haven't got a computer.*
> *But if I <u>had</u> a computer, I <u>would</u> <u>play</u> with it.*

These verb forms "wäre", "hätte" and "würde" are called the SUBJUNCTIVE. You use them when you are talking about <u>what might be</u>. Look at the other examples in Book 2, p. 70, section 1.

Here are those three verbs in full:

ich	wär<u>e</u>	ich	hät<u>te</u>	ich	würd<u>e</u>
du	wär<u>st</u>	du	hätt<u>est</u>	du	würd<u>est</u>
er		er		er	
sie	wär<u>e</u>	sie	hät<u>te</u>	sie	würd<u>e</u>
es		es		es	
wir	wär<u>en</u>	wir	hätt<u>en</u>	wir	würd<u>en</u>
ihr	wär<u>t</u>	ihr	hätt<u>et</u>	ihr	würd<u>et</u>
sie	wär<u>en</u>	sie	hätt<u>en</u>	sie	würd<u>en</u>

Now look at these examples:

> Wenn ich sechzehn wäre, <u>könnte</u> ich die Schule verlassen.
>
> Wenn er einen strengen Lehrer hätte, <u>müßte</u> er schwer arbeiten.

Notice the two verbs "ich k<u>ö</u>nnte" *(I would be able to, I could)* and "ich m<u>ü</u>ßte" *(I would have to)*. Both have an "<u>Umlaut</u>" and therefore sound different. (See also Book 2, p. 71.)

Comparisons

Du bist schön. Eine Blume ist schön.	Du bist <u>schön wie</u> eine Blume.
Du bist groß. Ein Haus ist groß.	Du bist <u>groß wie</u> ein Haus.
Du bist stark. Ein Elefant ist stark.	Du bist <u>stark wie</u> ein Elefant.

He was as quiet as a mouse.

The Simple Past/Imperfect/Preterite

We have already seen the <u>Simple Past Tense of "sein"</u> in Chapter 3 of Book 2 – "<u>ich war</u>". In this chapter we meet the simple past tense of three other important verbs:

Infinitive	Present	Simple Past
haben	ich habe	ich hatte
können	ich kann	ich konnte
müssen	ich muß	ich mußte

These forms "hatte", "konnte" and "mußte" (notice they have no Umlaut) are very common: <u>you use them when you are talking or writing about what has happened in the past.</u>

The Simple Past/Imperfect/Preterite

We have already seen the Simple ("one word") Past Tense of "sein" in Chapter 3 of Book 2 and the Simple Past Tense of "haben" and the modal verbs in Chapter 7. We often use the Simple Past of these verbs alongside the Perfect Tense in conversation, for example:

> Wir waren am Bahnhof und haben Pommes frites gegessen.

Now look at these examples from the story of the "Froschprinzessin" (p. 78):

> Eines Tages rollte der Ball dann in den tiefen Brunnen im Schloßhof.
>
> Die Prinzessin weinte sehr, denn sie hatte nun wieder nichts zu tun.

As you can see the Simple Past (or "Imperfect") is the tense we use in stories or written narrative (except letters). It is also the tense used in newspaper articles and when writing about historical events.

Regular verbs form their Imperfect Tense by removing the "-en" from the infinitive form and adding the endings:

ich schenkte	wir schenkten	
du schenktest*	ihr schenktet*	*seldom used
er		
sie schenkte	sie schenkten	
es		

You are, in effect, adding a "-t-" (+ personal ending)

This is similar to the way we do it in E n g l i s h:

    ask - asked (pronounced: askt)
    play - played

Giving reasons – "weil" and "denn"

Look at this example:

Ich mag unsere Mathelehrerin.   Sie ist lustig.
Ich mag unsere Mathelehrerin, weil sie lustig ist.

Notice that after "weil" *(= because)* the verb goes to the end of the sentence. Remember Chapter 1? – The verb also goes to the end after "daß".

You can even have two different verbs together at the end of the sentence. For example:

Ich treibe oft Sport. Ich will fit bleiben.
Ich treibe oft Sport, weil ich fit bleiben will.

So "weil" and "daß" do similar things to word order – see Chapter 1.

Now look at this:

Ich mag unsere Mathelehrerin. Sie ist lustig.
Ich mag unsere Mathelehrerin, denn sie ist lustig.

Notice that after "denn" *(= for, because)* the word order does not change – in fact it's exactly the same as in E n g l i s h !

Consequences – "deshalb" and "deswegen"

Look at this example:

Es hat gestern geregnet. Er konnte nicht joggen.
Es hat gestern geregnet, deswegen konnte er nicht joggen.

Notice that when you use "deswegen" *(= and so, therefore)*, you have to invert the subject "er" and the verb "konnte". We already know this from Chapter 4 – remember the example with "vielleicht" or "hoffentlich".

"Deswegen" and "deshalb" mean exactly the same, so you can use either.

See the other examples in your Book 2, p. 80, Section 1.

Events in the Past: Perfect/Imperfect

Christoph berichtet:

Wir haben 1 Jahr lang geforscht und haben viele Leute gefragt. Zum Schluß haben wir die Ergebnisse aufgeschrieben.

Die Zeitung schreibt:

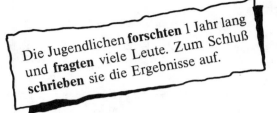

Die Jugendlichen **forschten** *1 Jahr lang und* **fragten** *viele Leute. Zum Schluß* **schrieben** *sie die Ergebnisse auf.*

Here you can see very clearly the <u>different uses of the Perfect and the Imperfect</u>:
Christoph, <u>talking</u> about what he did, uses the <u>Perfect</u>.
The newspaper, <u>narrating or reporting</u> what the young people did, uses the <u>Imperfect</u>.
The <u>historical events</u> described in this chapter are also narrated in the <u>Imperfect</u>.

> 1939 <u>überfiel</u> das nationalsozialistische Deutschland Polen.
> Ein Krieg <u>begann</u> ...

In the last chapter we met the <u>Imperfect Tense</u> of regular verbs. Here we have also
<u>irregular verbs</u>. These verbs form their Imperfect by <u>changing the vowel in the middle</u>.
Sometimes they are clearly recognisable in E n g l i s h :

beg<u>i</u>nnen	–	beg<u>a</u>nn	k<u>o</u>mmen	–	k<u>a</u>m
f<u>i</u>nden	–	f<u>a</u>nd	br<u>i</u>ngen	–	br<u>a</u>chte

Very often a verb which is irregular in E n g l i s h has a G e r m a n equivalent
which is also irregular:

go – went

f<u>a</u>hren	–	f<u>u</u>hr	g<u>e</u>hen	–	g<u>i</u>ng

Here is an irregular verb in full. The "du" and "ihr" forms are seldom used:

ich	ging		wir	ging<u>en</u>
du	ging<u>st</u>		ihr	ging<u>t</u>
er				
sie	ging	}	sie	ging<u>en</u>
es				

"<u>Mixed verbs</u>" like "bringen", "denken", "kennen", "nennen", "rennen", change their
vowel but take the same endings as <u>regular</u> verbs:

> k<u>e</u>nnen – k<u>a</u>nnte; n<u>e</u>nnen – n<u>a</u>nnte; r<u>e</u>nnen – r<u>a</u>nnte;
> br<u>i</u>ngen – br<u>a</u>chte (!); d<u>e</u>nken – d<u>a</u>chte (!)

German has such long words!

There is a good reason for this: In G e r m a n you often put two or more words together, whereas in E n g l i s h we would keep them separate.

Look at these examples:

Jugendzentrum	Kriegsende
Youth centre	*end of the war*

When you have compound ('put together') words like these it is the LAST part which decides the gender:

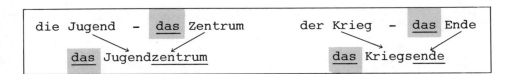

die Jugend - das Zentrum   der Krieg - das Ende

das Jugendzentrum   das Kriegsende

Look for more examples in Book 2, p. 91, Section 3, and on pp. 86-89.

Quellennachweis für Texte und Abbildungen

S. 6   Foto: Volker Leitzbach

S. 8   Foto: Volker Leitzbach

S. 10   Prospektausschnitte: Western Store München GmbH, München

S. 11   Foto: Süddeutscher Verlag, Bilderdienst, München; Leserbrief aus: Lübecker Nachrichten, Lübeck

S. 13   Fotos: Volker Leitzbach

S. 14   Rezept aus: "treff" 9/78, S. 21, Velber Verlag, Seelze

S. 17   Programm: Internationaler Klub, München

S. 18   Flugblatt: Jugendberatung und Jugendtreff Oberföhring, München

S. 19   Anzeigen: Verlag DIE ABENDZEITUNG, München

S. 23   Kantonswappen und alle Fotos außer r.o.: Schweizer Verkehrsbüro, Frankfurt; Foto r.o. aus: Berlitz Reiseführer "Schweiz", Editions Berlitz, Lausanne

S. 24   Foto l.o.: Österreichische Fremdenverkehrswerbung, Wien; Mozartkugeln: Salzburger Confiserie- und Bisquit-Ges.mbH, Salzburg; Wappen und alle anderen Fotos aus: "Österreich- Tatsachen und Zahlen", Bundespressedienst, Wien

S. 27   Foto: Volker Leitzbach

S. 28   Foto: Volker Leitzbach

S. 29   Foto: CBS Schallplatten GmbH, Frankfurt; Brief aus: BRAVO 43/83, Heinrich Bauer Verlag, München

S. 30   Foto und Text: Musik Express Sounds, München

S. 34   Fotos: Bundesbahndirektion, München M.; Bavaria-Verlag, Bildagentur, Gauting, (c) Jeiter l.u.; Fremdenverkehrsverband Rheinland-Pfalz e.V., Koblenz r.M.; Süddeutscher Verlag, Bilderdienst, München, alle anderen

S. 37   Text aus: "treff" 3/1980, Velber Verlag, Seelze

S. 39   Foto aus: Albrecht Thiebes "Der zahme und der sprechende Wellensittich", Albrecht Philler Verlag GmbH, München; Text aus: Tiermagazin 3/4, 1984, Bastei-Verlag, Bergisch Gladbach

S. 43   Foto und Text aus: Tiermagazin 3/4, 1984, Bastei-Verlag, Bergisch Gladbach

S. 44   Speisekarte: Mc Donald's System of Germany Inc., München

S. 45   Foto: Volker Leitzbach

S. 47   "Taschengeld" aus: "treff", Velber Verlag, Seelze; Foto und Text "Mica" aus: Scala-Jugendmagazin, Frankfurter Societätsdruckerei, Frankfurt

S. 48   Foto: Volker Leitzbach; Graphik: ADAC-Zentrale, München

S. 49   Fotos und Text: Premier Holidays, Cambridge

S. 50   "Fundgrube ABC": Münchener Zeitungs-Verlag GmbH, München

S. 53   "Flohmarkt": Der Schwabinger, München; Anzeigen: Südost-Kurier, Neubiberg

S. 54   Anzeigen: Musik Express Sounds, München

S. 59   Foto und Text aus: Scala-Jugendmagazin, Frankfurter Societätsdruckerei, Frankfurt

S. 60   Text: Heinrich Bauer Verlag, Hamburg; Foto o.: Verkehrsverein Altenmarkt; Mi.: Kurverwaltung Zell am See

S. 62   Fotos: Volker Leitzbach

S. 68   Fotos und Text: Medit Verlag GmbH, München

S. 70   Text l.o.: Salzburger Nachrichten, Salzburg; r.o.: Süddeutscher Verlag, München; u.: Deutsche Verkehrswacht, Bonn

S. 71   Text: Paracelsus-Gymnasium-Hohenheim, Stuttgart

S. 73   Anzeigen: Zweirad-Einkaufs-Genossenschaft, Köln; Wolfgang Gribl; Motorrad Spaett KG, München; Max Weimann; Salzburger Nachrichten, Salzburg

S. 76   Fotos: Volker Leitzbach

S. 77   Foto und Text: Bild am Sonntag, Hamburg

S. 79   Foto: Volker Leitzbach

S. 80, Texte aus: Scala-Jugendmagazin, Frankfurter
S. 81   Societätsdruckerei, Frankfurt

S. 82   Texte aus: Kappeler "Es schreit in mir", Verlag AARE, Solothurn

S. 86   Texte: Österreichischer Bundesjugendring, Wien; Diagramm: Erich Schmidt Verlag, Berlin

S. 87   Texte und Embleme: Der Kinderbuchverlag, Berlin; Fotos: Süddeutscher Verlag, Bilderdienst, München

S. 88   Foto: Volker Leitzbach

S. 90, Text aus: Max von der Grün "Wie war das eigent-
S. 91   lich?" Kindheit und Jugend im Dritten Reich (c) 1979 Hermann Luchterhand Verlag, Darmstadt und Neuwied; Foto: Süddeutscher Verlag, Bilderdienst, München

S. 92   Text Mi.o.: BZ, Berlin; u.: Salzburger Nachrichten, Salzburg

S. 95   Fotos: Süddeutscher Verlag, Bilderdienst, München

S. 97   Foto: Volker Leitzbach

S. 98, Text: Wolfgang Ecke "Der unsichtbare Zeuge",
S. 105 mit freundlicher Genehmigung von Angelika Ecke

S. 100 Zeichnung: Waldemar Mandzel

S. 101 Programmausschnitte: Verlag Ringier, Zofingen; DDR 1 aus: "Hörzu", Axel Springer Verlag AG, Hamburg